财务与会计实务研究

吴丽娟　著

吉林出版集团股份有限公司

图书在版编目(CIP)数据

财务与会计实务研究 / 吴丽娟著. -- 长春 : 吉林出版集团股份有限公司, 2022.1

ISBN 978-7-5731-0385-7

Ⅰ. ①财… Ⅱ. ①吴… Ⅲ. ①财务会计—研究②会计实务—研究 Ⅳ. ①F234.4②F233

中国版本图书馆 CIP 数据核字(2021)第 184989 号

财务与会计实务研究

CAIWU YU KUAIJI SHIWU YANJIU

出 版 人：吴　强
著　　者：吴丽娟
责任编辑：赫金玲
装帧设计：中图时代
开　　本：710 mm×1000 mm　1/16
印　　张：12.5
字　　数：220 千字
版　　次：2022 年 8 月第 1 版
印　　次：2022 年 8 月第 1 次印刷

出　　版：吉林出版集团股份有限公司
发　　行：吉林音像出版社有限责任公司
地　　址：吉林省长春市净月区福祉大路 5788 号出版大厦 A 座 13 层，邮编：130000
电　　话：0431-81629679
印　　刷：三河市嵩川印刷有限公司

ISBN 978-7-5731-0385-7　定价：55.00 元

目　录

第一章　财务管理概述

第一节　财务管理的内容

财务管理，简单地说就是管理财务，它是企业组织财务活动，处理企业与各方面财务关系的一项经济管理工作，是企业管理的重要组成部分①。

一、企业财务管理的内容

企业财务管理是对价值量的管理。资金运动就是以价值形式综合地反映企业的再生产过程，即企业将拥有的资金用于购买生产经营所需要的房屋、建筑物、设备、原材料等劳动资料和劳动对象，然后劳动者运用一定的劳动资料将劳动对象加工成新的产品，并将生产中消耗掉的劳动资料、劳动对象和劳动创造的价值转移到产品中去；通过实物商品的出售，使商品的价值得以实现。

在以上过程中，资金的形态在不断地发生变化，从最初的储备资金形态变化为实物资料形态，继而进入生产资金形态，完工后成为实物商品形态，出售后又恢复到货币资金形态，周而复始，不断循环，形成资金运动。

财务管理的内容就是在企业资金运动过程中形成的各种财务活动，它们是相互联系、相互依存和相互影响的。财务管理大致可以分为以下四个方面。

1. 与筹资有关的财务活动

在商品经济条件下，企业想要从事经营，首先必须筹集到一定数量的资金，这也是企业资金运动的起点。企业可以通过吸收直接投资、发行股票和企业内部留存收益等自有资金的方式取得，也可以通过向银行借款、发行债券和商业信用等方式取得。

企业筹集到的资金，表现为资金的流入。与此相对应，企业偿还借款、支付利

---

① 刘慧婷. 财务管理在企业运营中的作用[J]. 合作经济与科技，2015(4)：147-148.

息和股息等,则表现为资金的流出。这些资金收付活动就是由资金筹集产生的财务活动。

2. 与投资有关的财务活动

企业筹集资金的目的就是为了将资金用于生产经营活动中,以便取得盈利,不断增加企业价值。企业把筹集到的资金投资于企业内部用于购置固定资产和无形资产等,便形成企业的对内投资;企业把筹集到的资金投资于购买其他企业的股票、债券或对其他企业进行直接投资,便形成企业的对外投资。无论企业对内还是对外投资,都需要支出资金,而当企业变卖对内投资形成的各种资产或收回对外投资时,则会产生资金的收入。这些资金收付活动就是由资金投放产生的财务活动。

3. 与经营有关的财务活动

企业在正常的经营过程中,也会发生一系列的资金收付。如采购材料、商品、低值易耗品以及支付工资和各种费用产生资金流出;销售取得收入收回资金以及通过合理占用应付款项等方式形成资金流入。这些资金收付活动就是由经营活动产生的财务活动。

4. 与分配有关的财务活动

企业将资金投放和使用后,会取得收入并实现资金的增值,即产生利润。收入补偿生产经营中的各种成本、费用、销售税金后有剩余,为企业的息税前利润,即支付利息及缴纳所得税之前的收益。

息税前利润在支付债权人的利息以后,即税前利润;再依法缴纳所得税,即税后利润;税后利润是企业的净利润,在弥补亏损、提取公积金之后,向投资者分配利润。这个过程中的资金收付就是由利润分配产生的财务活动。

上述4个方面的财务活动,就是财务管理的基本内容,即企业筹资管理、企业投资管理、营运资金管理、利润及其分配管理。

二、企业财务关系

企业财务关系是指企业在组织财务活动过程中与各有关方面发生的经济关系。企业的筹资活动、投资活动、经营活动、利润及其分配活动与企业的方方面面有着广泛的联系。企业的财务关系可归纳为以下几个方面:

1. 企业与投资者之间的财务关系

企业与投资者之间的财务关系主要指投资者按照投资合同、协议和章程的约定向企业投入资金；企业按出资比例或合同、章程的规定向投资者支付投资报酬所形成的经济利益关系。企业与投资者之间的财务关系体现着所有权的性质，反映着经营权和所有权的关系。企业的投资者主要有国家、法人单位、个人和外商。

2. 企业与受资者之间的财务关系

企业与受资者之间的财务关系主要指企业以购买股票或直接投资的形式向其他企业投资，受资单位应按规定分配给企业投资报酬所形成的经济利益关系。企业与受资者之间的财务关系体现着所有权的性质，反映着投资和受资的关系。

3. 企业与债权人之间的财务关系

企业与债权人之间的财务关系主要指企业向债权人借入资金，并按借款合同的规定按时支付利息和归还本金所形成的经济关系。企业与债权人之间的财务关系反映着债务与债权的关系。企业的债权人主要有债券持有人、贷款机构、商业信用提供者、其他出借资金给企业的单位或个人。

4. 企业与债务人之间的财务关系

企业与债务人之间的财务关系主要指企业将其资金以购买债券、提供借款或商业信用等形式出借给其他单位，并按约定的条件要求债务人支付利息和归还本金所形成的经济关系。企业与债权人之间的财务关系反映着债务与债权的关系。

5. 企业与税务机关之间的财务关系

企业与税务机关之间的财务关系主要指企业按照国家税法规定依法缴纳流转税、所得税和其他各种税的过程中所形成的经济关系。企业与税务机关之间的财务关系反映的是依法纳税和依法征税的权利义务关系。

任何企业都要按照国家税法的规定及时、足额地缴纳各种税款，以保证国家财政收入的实现，满足社会各方面的需要，既是企业对国家的贡献，又是对社会应尽的义务。

6. 企业内部各单位之间的财务关系

企业内部各单位之间的财务关系主要指在实行企业内部经济核算制和内部经营责任制的条件下，企业内部各单位之间在生产经营各环节中形成的资金结算关系。企业内部各单位之间的财务关系反映了企业内部各单位之间的利益关系。

在实行内部经济核算的企业，企业内部各单位具有相对独立的资金定额和独立支配的费用限额，各单位之间相互提供产品或劳务要进行计价结算。

7. 企业与职工之间的财务关系

企业与职工之间的财务关系主要指企业按照提供的劳动数量和质量向职工支付工资、津贴、奖金等劳动报酬，并按规定提取职工福利费和公益金以及为职工代垫款项等而形成的经济利益关系。企业与职工之间的财务关系反映了职工个人和企业在劳动成果上的分配关系。

第二节　财务管理的目标

一、财务管理目标概述

1. 财务管理目标的概念

财务管理目标又称理财目标，是指企业进行财务活动要达到的根本目的，是评价企业财务活动是否合理的基本标准①。它是企业一切财务活动的出发点和归宿，决定着企业财务管理的基本方向。不同的财务管理目标，会产生不同的财务管理运行机制，科学地设置财务管理目标，对优化理财行为，实现财务管理的良性循环具有重要意义。

2. 财务管理目标的层次

财务管理目标之所以具有层次性，主要是因为财务管理的具体内容可以划分为若干层次。例如：企业财务管理的基本内容可以划分为筹资管理、投资管理、营运资金管理、利润分配管理等几个方面，而每一个方面又可以再进行细分。例如：筹资管理就可以再分为预测资金需要量、选择资金渠道、确定筹资方式、决定资本结构等具体内容；投资管理就可以再分为研究投资环境、确定投资方式、做出投资决策等具体内容。

财务管理内容的这种层次化和细分化，使财务管理目标成为一个由总体目标、分部目标和具体目标三个层次构成的层次体系。

二、财务管理的目标

明确财务管理目标，是搞好财务工作的前提。企业的目标表现为生存、发展和

① 孙树文. 浅谈企业财务管理目标的意义[J]. 新疆广播电视大学学报，2001(4)：71-73.

获利,财务管理的目标应该和企业的目标保持一致。

目前,人们对财务管理目标认识尚未统一,主要有以下几种观点:

(一)利润最大化

所谓利润最大化目标是指企业理财应以实现最大的利润为目标,其表现形式有两种:一种为利润总额最大化;另一种是资本利润率或每股盈余最大化。

1. 利润总额最大化

利润总额是企业在一定期间全部收入与全部费用的差额,它代表了企业新创造的财富,利润越多,则企业的财富增加就越多。同时,利润的多少在一定程度上反映了企业经济效益的高低和企业竞争能力的大小。把利润总额最大化作为财务管理目标,与旧体制下企业不讲经济核算、不讲利润相比,有其合理的一面。

企业追求利润总额最大化,就必须讲求经济核算,加强管理,改进技术,提高劳动生产率,降低产品成本。这些措施都有利于资源的合理配置,有利于经济效益的提高。

但是,以利润总额最大化作为财务管理目标,存在以下缺点:

(1)利润总额最大化目标中的利润总额容易被人为操纵。例如,利润总额最大化中的利润总额可以采用多计收入、少计费用等不利于企业会计核算,违背谨慎性和真实性的方法获得。

(2)利润总额最大化目标没有考虑资金的时间价值。利润总额最大化中的利润总额是企业一定时期的利润总额,没有考虑利润实现的具体时间,即没有考虑资金的时间价值。

(3)利润总额最大化目标没有考虑风险问题。利润总额最大化没有考虑所获利润应承担的风险因素,这可能会导致企业不顾风险的大小去追求最多的利润。

(4)利润总额最大化目标是一种短期行为。片面追求利润总额最大化往往会使企业财务决策带有短期行为的倾向,即只顾实现目前的最大利润,而不顾企业的长远发展。

综上所述,将利润总额最大化作为企业财务管理目标,只是对财务管理目标的浅层次认识,也是对企业生存价值和企业经济效益浅层次和片面的认识。所以,现代财务管理理论认为,利润总额最大化并不是财务管理的最优目标。

2. 资本利润率或每股盈余最大化

资本利润率,是非股份制企业的净利润与资本额的比率。

每股盈余，是股份制企业的净利润与普通股股数的比率。

它们是同一个问题在不同环境的不同表现形式，即净利润在股份制与非股份制企业中的相对表现问题。

资本利润率或每股盈余最大化目标考虑了所获利润与投入资本额或股本数之间的关系，是指不同资本规模的企业或同一企业不同期间的利润具有可比性。但这个目标仍然没有考虑到资金的时间价值和风险因素，也不能避免企业的短期行为。

（二）股东财富最大化

股东财富最大化是指通过财务上的合理运营，为股东带来最多的财富。在股份制公司中，股东财富由其所拥有的股票数量和股票市场价格两方面来决定。在股票数量一定时，当股票价格达到最高时，股东财富也达到最大。

股票的市场价格体现着投资者对企业价值所做的客观评价，因而股票市场价格可以全面地反映企业目前和将来的盈利能力、预期收益、资金的时间价值和风险等方面的因素及其变化。

1. 优点

与利润最大化目标相比，股东财富最大化目标有以下优点：

（1）股东财富最大化目标考虑了风险因素，因为风险的高低会对股票价格产生重要影响。

（2）股东财富最大化目标考虑了资金的时间价值，在一定程度上能够克服企业在追求利润上的短期行为。因为不仅目前的利润会影响股票价格，未来的利润对企业股票的价格也会产生重要影响。

（3）股东财富最大化目标具有亲和力，容易被股东所接受。因为财务管理的各种决策均须通过股东的同意才可生效，否则无法开展财务管理工作。

2. 缺点

股东财富最大化目标也存在一些缺点：

（1）股东财富最大化目标只适用于股份制企业。对于非股份制企业，必须通过资产评估才能确定其价值的大小。而评估又受到评估标准和评估方式的影响，从而影响到股东财富评估的客观性和准确性。

（2）股票价格受多种因素影响，并不一定都是企业自身因素，也并非都是企业所能控制的。确立股东财富最大化目标,把不可控因素引入财务管理目标是不合理的。

(3)股东财富最大化目标只强调股东的利益,而忽视了企业其他关系人的利益。

(三)企业价值最大化

企业价值最大化是指企业的市场价值最大化,反映了企业潜在或预期获利能力。企业价值不是账面资产的总价值,而是企业资产作为一个整体的市场价值,即企业有形资产和无形资产总体的市场评价,这种评价体现在潜在或预期的赚钱能力或净现金流量上。在确定企业价值时,应以企业未来各期预期产生的净现金流量的折现值之和为依据。其中,未来各期预期产生的净现金流量按可能实现的概率来计算;折现率反映投资者对投资的风险报酬要求。

企业价值最大化作为财务管理的目标,具有以下优点:

(1)企业价值最大化目标考虑了取得报酬的时间,并用资金时间价值的原理进行计算。

(2)企业价值最大化目标科学地考虑了风险与报酬的关系。报酬的大小与企业价值大小成正比,风险的高低与企业价值大小成反比。进行企业财务管理,就是要正确权衡报酬与风险的得与失,努力实现二者之间的最佳平衡,使企业价值达到最大。

(3)企业价值最大化目标能克服企业在追求利润上的短期行为。因为不仅目前的利润会影响企业的价值,预期未来的利润对企业价值的影响所起的作用更大。

(4)企业价值最大化目标扩大了财务管理考虑问题的范围。企业是股东、债权人、各级管理者、一般职工等多边关系的总合,对企业的发展而言,缺一不可。

各方都有自身利益,共同参与构成企业的利益机制,如果试图通过损害一方利益而使另一方获利,会导致矛盾冲突,不利于企业的发展。所以,股东财富最大化仅仅考虑股东利益,忽略了其他关系人的利益,是有缺陷的,而企业价值最大化可以弥补以上不足。企业价值最大化的观点,体现了对经济效益的深层次认识,它是现代企业财务管理的最优目标。

以上几种财务管理目标是目前最具有代表性的企业财务管理目标,随着社会经济的发展,企业的财务管理目标也有了新的发展。比如当今有许多企业以社会价值最大化为财务管理的目标,在强调企业效益的同时,还要注重社会效益,尽可能地安排残疾人士、下岗人士进企业工作,积极参与公益事业,关注人均纳税额。

选择一个符合企业自身特点的财务管理目标是一项非常重要的工作,它直接影响着财务管理工作的具体执行标准、工作方法、评价制度等。

第三节　财务管理的环境

财务环境也称理财环境,是指对企业财务活动产生影响作用的各种内部和外部因素。企业财务活动的运作是受理财环境制约的,财务管理人员只有研究企业财务管理所处环境的现状和发展趋势,把握开展财务活动的有利条件和不利条件,才能为企业财务决策提供可靠的依据,更好地实现企业的财务管理目标。

财务环境按其所涉及的范围分为宏观财务环境和微观财务环境。

一、宏观财务环境

宏观财务环境又称外部财务环境,是指存在于企业外部,作用于各个部门、地区,影响和制约企业财务活动的各种因素。

(一)经济环境

经济环境包括国家的经济发展规划、国家的产业政策、经济体制改革方案、国家的财政税收政策和税收制度、金融制度和金融市场等。经济环境会直接影响企业的财务活动,同时它还将通过影响国家法律、政治、文化间接影响企业财务活动。

不同地域的经济发展水平、市场发展程度、经济资源、经济制度和经济政策是不完全相同的,这是影响企业财务活动的基本因素。

1. 经济体制

经济体制又称经济管理体制,是指在一定的社会制度下,生产关系的具体形式以及组织、管理和调节国民经济的体系、制度、方式和方法的总称。在市场条件下,国家赋予了企业自主权、经营权和决策权,企业的一切财务活动要面向市场,根据自身情况开展财务活动。经济体制决定了企业的经营方式,并影响了企业的财务行为和财务决策。

2. 经济增长状况

在市场经济条件下,经济发展总是带有一定的波动性。

当经济持续增长并处于经济繁荣期时，公众收入增加，市场需求旺盛，企业的经营环境良好，盈利增加，资金比较充足，投资风险减小，此时应抓住机遇，扩大生产，开拓市场，增加投资额。

当经济增长速度放缓或处于经济衰退期时，企业的产量和销量下降，企业的经营环境恶化，当产品积压不能变现时，则需要筹资以维持经营。

3. 经济政策

(1)货币政策。货币政策是政府对国民经济进行宏观调控的重要手段之一。在市场经济条件下，货币政策直接影响经济结构、经济发展速度、企业效益、公众收入、市场利率和市场运行等各个方面。

一般来说，紧缩的货币政策会减少市场的货币供给量，从而造成企业资金紧张，使企业的经济效益下降，这样就会增加企业的风险。同时公众的收入也会下降，购买力下降。反之，宽松的货币政策，能增加市场的货币供给量，增加企业经济效益，减小企业的风险。

(2)财政政策。财政政策同货币政策一样是政府进行宏观经济调控的重要手段。财政政策可以通过增减政府收支规模、税率等手段来调节经济发展速度。

当政府通过降低税率，增加财政支出刺激经济发展时，企业的利润就会上升，社会就业增加，公众收入也增加。反之亦然。

(3)产业政策。产业政策是政府调节经济结构的重要手段之一。政府的产业政策对各个行业有不同的影响。国家对重点发展、优先扶持的行业，往往给予特殊的优惠政策。企业的发展前景较好，利润有望增加。而对限制发展的行业，往往会增加种种限制措施。因此，产业政策会影响着企业的风险与收益。

4. 通货膨胀

通货膨胀对经济发展的影响是复杂的。一般而言，适度的通货膨胀对投资市场的发展是有利的，但过度的通货膨胀对经济发展会产生破坏作用。通货膨胀是指货币购买力下降。这不仅对消费者不利，也给企业财务管理带来不利的影响。它主要表现在：资金需要量迅速增加，筹资成本升高，筹资难度增大，利润虚增等。

5. 金融市场

金融市场是指资金供应者和资金需求者双方通过某种形式进行交易而融通资金的市场。金融市场为资金供应者和资金需求者提供了各种金融工具和选择机会，使融资双方能自由灵活地调度资金。

当企业需要资金时，可以在金融市场上选择合适的筹资方式筹集资金；当企业有暂时闲置资金时，又可以在金融市场上选择合适的投资方式进行投资，从而提高资金的使用效率。同时，在金融市场交易中形成的各种参数，如市场利率、汇率、证券价格和证券指数等，为企业进行财务决策提供了有用的信息。

6. 市场竞争

在市场经济条件下，企业与企业之间、各产品之间、现有产品与新产品之间，甚至在设备、技术、人才和管理等方面都存在着竞争，这是任何企业无法回避的。

为了提高竞争力，求得生存和发展，企业必须使自己的产品、服务和质量等方面优于其他企业，这就要求企业筹集足够的资金，大量投资于研究与开发新产品、进行广告宣传、加强售后服务等。投资成功之后会给企业带来机遇；若投资失败，则会使企业陷入困境，甚至破产。

（二）法律环境

在市场经济条件下，企业的一些经济活动总是在一定的法律法规范围内进行的。一方面，法律提供了企业从事一些经济活动所必须遵守的规范，从而对企业的经济行为进行约束；另一方面，法律也为企业合法从事各项经济活动提供了保障。

涉及企业财务活动的法律很多，主要有公司法、税法和会计法等。如进行境外投资还将面临不同国家和地区的法律。由于不同时期，不同国家的法律存在差别，所以在企业设立、经营和清算过程中财务管理业务的要求和繁简程度不一样。不仅如此，企业所有者、经营者、职工和债权人的利益也会受到较大影响。另外，相同数额的经营收入，因企业性质不同，所缴纳的税款和税后收益也不相同。因此，企业经营者及财务管理者必须研究法律环境，避免因法律纠纷给企业造成财务损失。

（三）政治环境

企业财务管理活动还受政治因素的影响，如国内外政治形势的变化、国家重要领导人的更迭、国家法律与政策的变化、国际关系的改变等都会产生直接或间接的影响。尤其是进行境外投资的企业将面临不同的政治环境：一方面是由于各国各届政府对各类性质不同的企业所持有的态度不同；另一方面是由于各国各届政府的政治稳定程度不一样。

（四）文化与社会环境

文化与社会环境对企业财务管理活动的影响也是不可忽视的，因为公众的文化水平、文明程度以及社会的文化传统和风俗习惯既影响到人们的思维方式、工作态度和个人追求，又制约着企业的经营行为，从而影响企业的财务管理活动及其成果。

二、微观财务环境

（一）企业组织形式

企业有各种不同的形式，虽然它们具有共性，但由于类型不同，对财务管理产生的影响就不同。也就是说，在管理体制既定的条件下，不同的组织形式，决定了企业内部财务管理权限分配和职责划分的不同。

目前我国企业的组织形式按经济成分和投资主体不同划分，有股份制企业、国有企业、集体企业、私营企业、中外合资经营企业、中外合作经营企业、外商独资经营企业及其他经济组织等形式。不同组织形式的企业，其资金来源和利润分配有着较大的差别，其遵守的财务制度、法律法规等也不尽相同。企业在进行财务活动时，必须根据企业的组织形式来筹集资金、投放资金和分配收益，处理好企业与各方面的财务关系。

（二）企业资产规模

企业资产规模是指企业所拥有的流动资产、固定资产、长期资产和无形资产的总合，它在一定程度上反映了企业的资金实力。大型企业资金实力雄厚，一般考虑大型的投资项目，以取得规模经济效应；而小型企业资金实力相对较弱，投资项目只在小范围内进行。

在注重企业资产规模大小的同时，还应关注其结构比例。企业的流动资产体现了其营运能力，固定资产则体现了企业的生产能力。企业的生产能力与营运能力必须相互配合，使两者之间保持一定的比例，才能保证企业正常的生产经营活动。否则，固定资产过多，流动资产过少，会造成固定资产闲置；反之，流动资产过多，固定资产过少，又满足不了生产的需要。

企业除了安排好资金占用方面的结构比例外，还要安排好资金来源方面的结构比例，即安排好自有资金与借入资金的结构比例、负债与所有者权益的结构比例。企业必须根据自身的资产规模和结构比例,来规划自己的财务行为和进行财务决策,以便发挥资金的最大经济效益。

(三)企业生产经营状况

1. 企业生产状况

企业生产状况主要包括企业所处的生产条件和企业产品的生命周期。

(1)企业所处的生产条件。企业按所处的生产条件可以分为技术密集型企业、劳动密集型企业和资源开发型企业。不同的生产条件要求有不同的财务行为与之相适应。

①技术密集型企业拥有较多先进设备,固定资产比重大,企业需要筹集大量的长期资金。

②劳动密集型企业所需人力较多,固定资产比重较小,企业需要筹集大量的短期资金。

③资源开发型企业需要投入大量资金用于勘探、开采,资金回收时间长,企业则需要筹集较多的长期资金。

(2)企业产品的生命周期。企业产品的生命周期通常分为初创期、成长期、成熟期和衰退期四个阶段。

①初创期。初创期是指产品的研究、开发、试制与投产试销阶段。其特点是产品尚未被消费者认可,试制、推销费用较大,产品成本高,销量、盈利情况也不尽如人意。

②成长期。这一时期产品试销成功,初步占领市场,销售量快速增长,利润也迅速增加。

③成熟期。这一时期企业之间竞争激烈,该产品市场逐步趋于饱和,企业盈利水平开始滑坡。

④衰退期。这一时期产品开始老化,逐步丧失竞争能力,转入更新换代阶段。

不管是对个别产品还是对整个企业而言,产品收入的多少、成本的高低、利润的大小以及企业资金周转的快慢都会因不同产品生命周期而存在较大的差别。因此,企业不仅要针对产品所处的阶段采取适当的措施,并且要有预见性地开发新产品,保持企业在同行业中的领先地位和竞争优势。

2. 企业销售状况

企业销售状况反映了企业产品在销售市场上的竞争程度。企业所处的销售状况按其竞争程度可分为以下四种：

(1)完全竞争市场。完全竞争市场的特点是企业数量很多,商品差异不大,企业产品销售价格主要取决于市场供求关系。

(2)不完全竞争市场。不完全竞争市场的特点是企业数量较多,但在商品的质量、服务、特性等方面存在一定的品牌差异,因此产品价格也会有一定程度的差异。那些生产规模大、质量优、服务好、品牌知名度高的企业在同行业中具有较强的竞争力。

(3)寡头垄断市场。寡头垄断市场的特点是企业数量很少,企业之间的商品质量、服务、特性等方面略有差异,个别企业对其产品价格有较强的控制能力。

(4)完全垄断市场。完全垄断市场的特点是该行业为独家生产经营,其产品价格与市场也为独家企业控制。

企业销售状况,对企业财务管理具有重要的影响。面对完全竞争市场的企业,由于产品价格和销售量容易出现波动,风险较大,因此要慎重利用债务资金;面对不完全竞争市场和寡头垄断市场的企业,应注重产品特色,创出名牌产品,应在产品开发、宣传、售后服务等方面投入较多资金;而面对完全垄断市场的企业,由于其产品销售畅通,价格波动不大,利润较稳定,风险较小,可较多地利用债务资金。

(四)企业内部管理水平

企业内部管理水平是指企业内部各项管理制度的制定及执行情况。从企业财务管理来看,如果内部有着完备、健全的管理制度并能严格执行,就意味着企业财务管理有着较好的基础,有章可循,企业财务管理工作起点较高,容易走上规范化的轨道并带来理想的理财效果。反之,若企业内部管理制度不健全,或者即使有制度但没有严格执行,这必然给企业财务管理工作带来困难。在这种情况下,企业财务管理的标准不能脱离实际,不能过高过急,要有一个循序渐进,逐步完善、规范和提高的过程。

第二章　财务管理基础知识

第一节　资金的时间价值

资金的时间价值和投资的风险价值，是财务活动中客观存在的经济现象，也是财务管理过程中必须树立的价值观念。无论是资金筹集、资金投放、收益分配，都必须考虑资金的时间价值和投资的风险。

一、资金时间价值的概念

“时间就是金钱”是对资金时间价值的最好解读。你更愿意接受现在的 100 元还是 3 年后的 100 元呢？你肯定会选择现在的 100 元。因为现在的 100 元经过投资，3 年后的价值肯定会超出 100 元。这其中隐含着重要的财务管理的基本观念——资金时间价值。

资金时间价值是指货币经历一定时间的投资和再投资所增加的价值[①]。资金时间价值是资金在周转过程中随时间的推移而发生的价值增值，它并不是由“时间”创造的，而是在生产经营中创造的剩余价值。只要有商品经济存在，只要有借贷关系存在，它必然要发生作用。资金的时间价值是经济活动中的一个重要概念，也是资金使用者必须认真考虑的一个重要因素。举例来说，如果银行贷款的年利率为 5%，而企业某项经营活动的年资金利润率低于 5%，那么这项经济活动将被认为是不合算的。

在这里，银行利率就成为企业资金利润率的最低界限。正是由于资金的时间价值观念在企业资金筹集和经营决策中具有十分重要的作用，所以西方经济学者把资金时间价值作为企业财务管理的一项基本原则。

---

① 廖文凯．资金时间价值的应用[J]．审计与理财，2008(5)：38-39.

二、资金时间价值的计算

资金时间价值的指标有许多种，本章着重介绍单利、复利情况下的终值和现值的计算。终值是指现在一定量的资金折算到未来某一时点上的金额，也称为本利和；现值是指未来某一时点上的一定量的资金额折算到现在所对应的金额。

（一）单利的终值和现值的计算

单利，是指只有本金，计算利息（利息必须在提出以后再以本金方式投入，才能计算）。单利的终值即本利之和。在年利率为 10%的情况下，现在的 1 元钱，从第一年到第五年的各年年末的终值为：

1 元 1 年后的终值：1×(1+10%×1)＝1.1（元）

1 元 2 年后的终值：1×(1+10%×2)＝1.2（元）

1 元 3 年后的终值：1×(1+10%×3)＝1.3（元）

1 元 4 年后的终值：1×(1+10%×4)＝1.4（元）

1 元 5 年后的终值：1×(1+10%×5)＝1.5（元）

因此，单利终值的计算公式为：

$$V_n = V_0 \times (1 + i \times n)$$

式中，V_0—— 现值，即 0 年（第 1 年初）的价值；

V_n—— 终值即第 n 年末的价值；

i—— 利率；

n—— 计算期数。

现值是指以后年份收到或付出资金的现在价值，可用求倒数的方法计算。由终值求现值，叫贴现。若年利率为 10%，从第 1 年到第 5 年，各年年末的 1 元钱其现值为：

1 年后 1 元的现值：1/(1+10%×1)＝1/1.1＝0.909（元）

2 年后 1 元的现值：1/(1+10%×2)＝1/1.2＝0.833（元）

3 年后 1 元的现值：1/(1+10%×3)＝1/1.3＝0.769（元）

4 年后 1 元的现值：1/(1+10%×4)＝1/1.4＝0.714（元）

5 年后 1 元的现值：1/(1+10%×5)＝1/1.5＝0.667（元）

因此，单利现值的计算公式为：

$$V_0 = V_n \times [1/(1 + i \times n)]$$

(二)复利终值和现值的计算

复利,是指不仅本金要计算利息,所生的利息在下期也要和本金一起计算利息,即通常所说的“利滚利”。

复利的终值也是本利之和。在年利率为10%的情况下,现在的1元钱,从第一年到第五年各年年末的终值为:

1元1年后的终值:$1\times(1+10\%)^1=1.1$(元)

1元2年后的终值:$1.1\times(1+10\%)=1\times(1+10\%)^2=1.21$(元)

1元3年后的终值:$1.21\times(1+10\%)=1\times(1+10\%)^3=1.331$(元)

1元4年后的终值:$1.331\times(1+10\%)=1\times(1+10\%)^4=1.464$(元)

1元5年后的终值:$1.464\times(1+10\%)=1\times(1+10\%)^5=1.610$(元)

因此,复利终值的计算公式为:

$$V_n = V_0 \times (1+i)^n$$

式中,V_0—— 现值,即0年(第1年初)的价值;

V_n—— 终值即第n年末的价值;

i—— 利率;

n—— 计算期数。

复利现值也是以后年份收到或付出资金的现在价值。若年利率为10%,从第一年到第五年,各年年末的1元钱,其现值为:

1年后1元的现值:$1/(1+10\%)^1=1/1.1=0.909$(元)

2年后1元的现值:$1/(1+10\%)^2=1/1.21=0.826$(元)

3年后1元的现值:$1/(1+10\%)^3=1/1.331=0.751$(元)

4年后1元的现值:$1/(1+10\%)^4=1/1.464=0.683$(元)

5年后1元的现值:$1/(1+10\%)^5=1/1.610=0.621$(元)

因此,复利现值的计算公式为:

$$V_0 = V_n \times [1/(1+i)^n]$$

上式中的$(1+i)^n$和$1/(1+i)^n$,分别称为复利终值系数和复利现值系数,它们的关系是互为倒数。

用字母可以将其分别表示为$FVIF_{i,n}$和$PVIF_{i,n}$。在实际工作中,其数值可以查阅复利终值系数表和复利现值系数表。

【例2-1】 小王存入本金10 000元,年利率为3%,5年后他应拿到多少钱?

$$10\ 000\times(1+3\%)^5=10\ 000\times1.159=11\ 590(\text{元})$$

【例 2-2】　小张想投资 3 年后可得收益 80 000 元。按年利率 4%计算,其现值应为:

$$80\ 000/(1+4\%)^3=80\ 000\times0.889=71\ 120(\text{元})$$

上式中的 1.159 和 0.889,分别查自复利终值表和复利现值表。

(三)年金终值和现值的计算

年金是指等额、定期的系列收支。在企业的收付款项中,有不少是采取年金的形式,如折旧、租金、利息等。如果等额收付发生在每期期末,称为后付年金或普通年金;如果等额收付发生在每期期初,称为先付年金或预付年金;如果等额收付要延长若干期以后再发生,称为递延年金;如果等额收付无限期连续发生,称为永续年金。

下面分别介绍这些年金的计算方法。

1. 后付年金终值和现值的计算

由于在经济活动中后付年金最为常见,故又称普通年金。

年金终值是一定时期内每期期末收付款项的复利终值之和。每年存款 1 元,年利率 10%,经过 5 年,年金终值可表示如图 2-1 所示。

图 2-1 是资金时间价值的时间序列图,计算复利终值和现值也可以利用这种时间序列图。绘制时间序列图可以帮助我们理解各种现金流量终值和现值的关系。

逐年的终值和年金终值可计算如下:

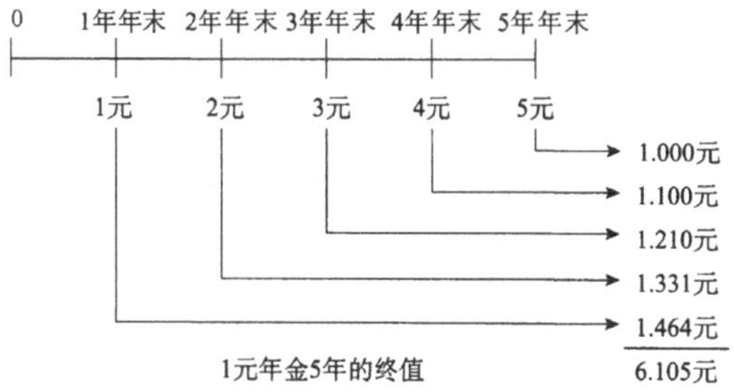

图 2-1　资金时间价值的时间序列图

1 元 1 年的终值=1.000(元)

1 元 2 年的终值 = $(1+10\%)^1$ = 1.100(元)

1 元 3 年的终值 = $(1+10\%)^2$ = 1.210(元)

1 元 4 年的终值 = $(1+10\%)^3$ = 1.331(元)

1 元 5 年的终值 = $(1+10\%)^4$ = 1.464(元)

1 元年金 5 年的终值 = 6.105(元)

因此,年金终值的计算公式为:

$$V_n = A\Sigma(1+i)^{t-1}$$

式中,V_n—— 年金终值;

A—— 每次收付款项的金额;

i—— 利率;

t—— 每笔收付款项的计息期数;

n—— 全部年金的计息期数。

年金现值通常为每年投资收益的现值总和,它是一定时期内每期期末收付款项的复利现值之和。每年取得收益 1 元,年利率为 10%,为期 5 年,年金现值如图 2-2 所示。逐年的现值和年金现值可计算如下:

1 元 1 年的现值 = $1/(1+10\%)^1$ = 0.909(元)

1 元 2 年的现值 = $1/(1+10\%)^2$ = 0.826(元)

1 元 3 年的现值 = $1/(1+10\%)^3$ = 0.751(元)

1 元 4 年的现值 = $1/(1+10\%)^4$ = 0.683(元)

1 元 5 年的现值 = $1/(1+10\%)^5$ = 0.621(元)

1 元年金 5 年的现值 = 3.790(元)

因此,年金现值的计算公式为:

$$V_0 = A\Sigma[1/(1+i)^t]$$

以上公式中,$\Sigma(1+i)^{t-1}$ 和 $\Sigma[1/(1+i)^t]$,分别称为年金终值系数和年金现值系数,其简略表示形式分别为 $\mathrm{FVIFA}_{i,n}$ 和 $\mathrm{PVIFA}_{i,n}$。其数值可以查阅年金终值系数表和年金现值系数表。

普通年金的现值系数也可采取如下简化计算方法:

$$\mathrm{PVIFA}_{i,n} = [1 - 1/(1+i)^n]/i$$

【例 2-3】 刘女士每年年末存入银行 4 000 元,年利率 3%,则 5 年后她应拿到多少钱?

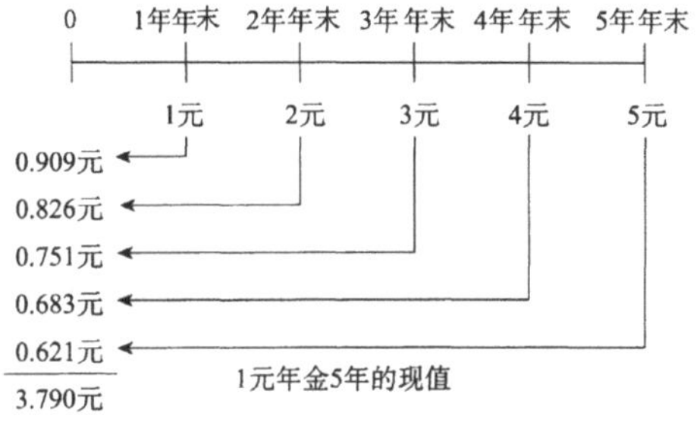

图 2-2　年金现值

$4\ 000\times\Sigma(1+3\%)^{5-1}=4\ 000\times5.309=21\ 236$(元)

【例 2-4】　王先生想要租一间房子,租 5 年,每年年末要支付租金 6 000 元,年利率 4%,则这些租金的现在价值为多少?

$$6\ 000\times\Sigma[1/(1+4\%)^{5}]=6\ 000\times4.452=26\ 712(\text{元})$$

【例 2-5】　投资项目于 2001 年初动工,假设当年投产,从投产取得收益 50 000 元。按年利率 3%计算,则预期 10 年收益的现值为:

$$50\ 000\times\Sigma[1/(1+3\%)^{10}]=50\ 000\times8.530=426\ 500(\text{元})$$

2. 先付年金与后付年金的差别

先付年金与后付年金的差别,仅仅在于收付款的时间不同。

由于年金终值系数表和年金现值系数表是按常见的后付年金编制的,在利用这种后付年金系数表计算先付年金的终值和现值时,可在计算后付年金的基础上加以适当调整。

n 期先付年金终值和 n 期后付年金终值之间的关系,可用图 2 - 3 表示。

n 期先付年金终值与 n 期后付年金终值比较,两者付款期数相同,但先付年金终值比后付年金终值要多一个计息期。为求得 n 期先付年金的终值,可在求出 n 期后付年金终值后,再乘以 $(1+i)$ 。计算公式如下:

$$V_n=A\cdot \text{FVIFA}_{i,n}\cdot(1+i)$$

此外,还可根据 n 期先付年金终值和 $n+1$ 期后付年金终值的关系,推导出另一公式。n 期先付年金与 $n+1$ 期后付年金比较,两者计息期数相同,但 n 期先付年金比 $n+1$ 期后付年金少付一次款。因此,只要将 $n+1$ 期后付年金终值减去 1 期付款额,便可求得 n 期先付年金终值。计算公式如下:

$$V_n=A\cdot \text{FVIFA}_{i,n+1}\cdot(1+i)-A$$

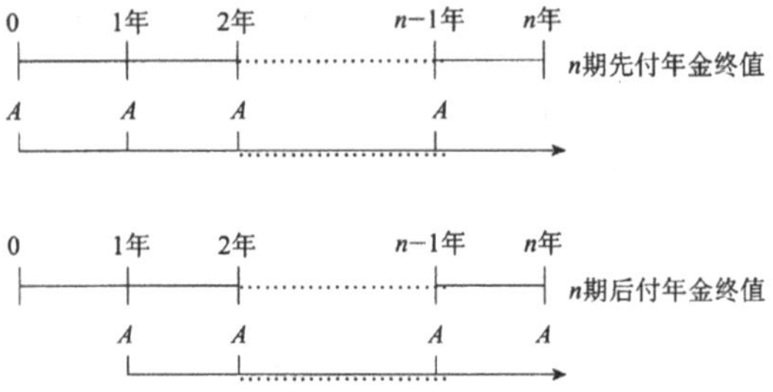

图 2-3　n 期先付年金终值和 n 期后付年金终值之间的关系

【例 2-6】　某学生想每年年初存入银行 4 000 元，年利率 3%，则 5 年后本利和应为多少？

4 000 · $FVIFA_{3\%,5+1}$ ·（1+3%）−4 000＝4 000×6.468−4 000＝21 872（元）

n 期先付年金现值和 n 期后付年金现值之间的关系，可用图 2-4 表示。

n 期先付年金现值与 n 期后付年金现值比较，两者付款期数相同，但先付年金现值比后付年金现值要少一个计息期。为求得 n 期先付年金的现值，可在求出 n 期后付年金现值后，再乘以（$1+i$）。计算公式如下：

$$V_0=A\cdot PVIFA_{i,n}\cdot(1+i)$$

还可根据 n 期先付年金现值和 $n-1$ 期后付年金终值的关系，推导出另一公式。n 期先付年金与 $n-1$ 期后付年金比较，两者计息期数相同，但 n 期先付年金比 $n-1$ 期后付年金多一次付款。因此，只要将 $n-1$ 期后付年金现值再加上 1 期付款额，便可求得 n 期先付年金现值。计算公式如下：

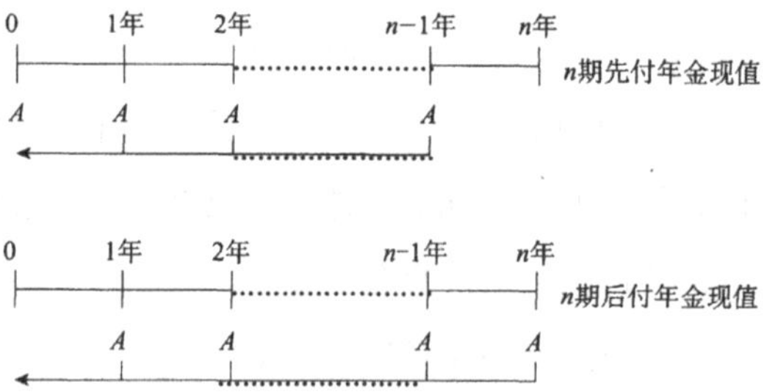

图 2-4　n 期先付年金现值和 n 期后付年金现值之间的关系

$$V_0=A\cdot PVIFA_{i,n-1}+A$$

【例 2-7】　某员工想每年年初支付 6 000 元，年利率 4%，则 5 年中租金的现值在价值是多少？

$6\ 000 \cdot \text{PVIFA}_{4\%,5} \cdot (1+4\%)-6\ 000=6\ 000\times4.452-6\ 000=20\ 712$(元)

3. 延期年金现值计算

延期年金是指在最初若干期没有收付款项的情况之后出现的若干期等额系列收付款项。m 期以后的 n 期年金现值,其计算公式如下:

$$V_0=A \cdot \text{PVIFA}_{i,n} \cdot A \cdot \text{PVIFA}_{i,m}$$

或

$$V_0=A \cdot \text{PVIFA}_{i,n+m}-A \cdot \text{PVIFA}_{i,m}$$

【例 2-8】　某工程于 2001 年动工,由于施工延期 5 年,于 2006 年年初投产,从投产起每年得到收益 50 000 元。按年利率 3%计算,则 10 年收益于 2001 年年初现值为:

$$50\ 000\times8.530\times0.863=368\ 069(\text{元})$$

或者　$50\ 000\times11.938-50\ 000\times4.580=367\ 900$(元)

4. 永续年金是无限期支付的年金

永续年金现值的计算公式如下:

永续年金现值=年金/利率

【例 2-9】　某永续年金每年年底的收入为 800 元,利息率为 8%,求该永续年金的现值。

$$800/8\%=10\ 000(\text{元})$$

第二节　风险与报酬

资金时间价值是在没有风险和没有通货膨胀条件下的社会平均资金利润率。在企业财务活动中,完全没有风险的投资几乎是不存在的。风险是客观存在的。企业如何估计和计量风险,分散和降低风险,使企业能利用风险所带来的机会增加股东的收益,是企业财务管理需要研究的问题之一。

一、风险的概念及分类

(一)风险的概念

风险,是指在一定条件下和一定时期内发生的各种可能而导致结果的不确定。当各种可能的结果变动程度大,风险也越大;而各种可能的结果变动程度小,风险也越小。

如果一种行动方案未来有多种可能的结果，则这种行动方案是有风险的；如果一种行动方案未来只有一种结果出现，则这种行动方案没有风险。

（二）风险的种类

不同类别的风险具有不同的特征，其具体的风险控制方法也不同。因此，在研究风险管理时有必要对各种风险从不同角度加以分类。

1. 从个别投资主体分类

从个别投资主体的角度看，风险分为市场风险和公司特有风险。

（1）市场风险。市场风险是指那些影响所有投资对象的因素引起的风险，如通货膨胀、经济衰退和战争等。这类风险涉及的是企业所处的宏观环境，所有企业都受其影响，是企业无法控制的因素。无论投资哪家企业都无法避免这类风险，也不能通过有效的投资组合加以分散，因此也称这类风险为不可分散或系统风险。

（2）公司特有风险。公司特有风险是指发生于个别公司的特有事件造成的风险，如公司新产品开发失败、诉讼失败、工厂失火、员工罢工和设备事故等。这类风险涉及的是企业所处的微观环境，并非所有企业都会发生，是企业能够控制的因素。

这类风险，对某家企业来说是不利因素，而对另一家企业来说则是有利的。这类风险可通过有效的投资组合加以分散，因此，也称为可分散风险或非系统风险。

2. 从企业本身分类

从企业本身的角度看，风险分为经营风险和财务风险。

（1）经营风险。经营风险是指企业因经营上的原因而导致利润变动的风险，也称商业风险。从利润的构成因素可看出，影响经营风险的因素有产品销售量、销售价格和产品生产成本等。

这些因素企业可以对其产生影响，但不能完全控制，如产品销售量和销售价格，既取决于整个市场的需求量和竞争对手的情况，也与企业本身产品的质量、成本和推销努力的程度等有关；产品生产成本既与原材料供应的价格有关，也与企业生产技术、工人和机器的生产效率有关。经营风险是普遍存在的，企业应通过加强调查，努力提高自身素质等方面来降低经营风险。

（2）财务风险。财务风险是指因借款而增加的风险，是筹资决策带来的风险，也叫筹资风险。财务风险主要表现为两个方面：一是因借款而产生的丧失偿债能力的可能性；二是因借款而使企业所有者收益下降的可能性。企业负债经营会增加财务风险，但这并不意味着企业就不应借款，因为负债经营能增加风险，但如果经营得当，也能给所有者带来意外的收益。

二、风险的衡量

如前所述，风险是与各种可能的结果和结果的概率分布相联系的。对风险的衡量与计算，也必须从概率分析入手。

（一）概率

概率是指随机事件发生的可能性。经济活动可能产生的种种收益可以看作一个个随机事件，其出现或发生的可能性，可以用相应的概率描述。概率分布是指一切活动可能性出现的所有结果概率的集合。

比如，投硬币这一活动会有两种可能出现，一是硬币有国徽图案的一面朝上；二是硬币有面值的一面朝上。这两者出现的可能性各占50%，它们分别代表了国徽朝上和面值朝上这两个随机事件出现的概率，而这两个概率作为有关整体，则反映了投硬币这一活动可能出现的结果的概率分布。

假定用 X 表示随机事件，X_i 表示随机事件的第 i 种结果，P_i 为出现该种结果的相应概率。若 X_i 出现，则 $P_i=1$；若 X_i 不出现，则 $P_i=0$。同时所有可能结果出现的概率之和必定等于1。因此，概率必须符合下列两个要求：

（1）每一个随机变量的概率最小为0，最大为1；

（2）全部概率之和必须等于1。

$(0 \leqslant P_i \leqslant 1; \Sigma P_i = 1)$

【例2-10】　顺达公司某投资项目有A、B两个方案，投资额均为500万元，其收益的概率分布如表2-1所示。

表2-1　某投资项目A、B两方案收益的概率分布表

经济情况	概率	收益额（随机变量 X）（万元）	
		A方案	B方案
繁荣	$P_1=0.2$	$X_1=60$	$X_1=70$
一般	$P_2=0.6$	$X_2=50$	$X_2=50$

续　表

经济情况	概率	收益额(随机变量 X)(万元)	
		A 方案	B 方案
较差	$P_3=0.2$	$X_3=40$	$X_3=30$

这就是说,每一个随机变量的概率最小为 0,最大为 1,不可能小于 0,也不可能大于 1。全部概率之和必须等于 1,即 100%。

(二)预期收益

根据某一事件的概率分布情况,可以计算出预期收益。预期收益又称收益期望值,是指某一投资方案未来收益的各种可能结果,用概率为权数计算出来的加权平均数,是加权平均的中心值。其计算公式如下:

$$E=\Sigma X_i \cdot P_i \quad (i\text{ 为 }1\sim n)$$

式中,E——预期收益;

X_i——第 n 种可能结果的收益;

P_i——第 n 种可能结果的概率;

n——可能结果的个数。

根据图 2-5 所示资料,可分别计算 A、B 两方案的预期收益如下:

A 方案:$E=60\times0.2+50\times0.6+40\times0.2=50$(万元)

B 方案:$E=70\times0.2+50\times0.6+30\times0.2=50$(万元)

(三)概率分布

在预期收益相同的情况下,投资的风险程度同收益的概率分布有密切的联系。概率分布越集中,实际可能的结果就会越接近预期收益,实际收益率低于预期收益率的可能性就越小,投资的风险程度越小;反之,概率分布越分散,投资的风险程度也就越大。为了清晰地观察概率的离散程度,可根据概率分布表绘制概率分布图进行分析。

概率分布有两种类型:一种是非连续式概率分布,即概率分布在几个特定的随机变量点上,形成几条个别的直线;另一种是连续式概率分布,即概率分布在一定区间的连续各点上,形成由一条曲线覆盖的平面。

图 2-5 假定经济情况只有繁荣、一般、较差三种,概率个数为 3。根据该表资

料可绘制非连续式概率分布图。

在实践中,经济在极度繁荣和极度衰退之间可能发生许多种可能的结果,有着许多个概率,而不仅仅只有繁荣、一般,较差三种可能性。如果对每一种可能的结果给予相应的概率,就可以绘制连续式概率分布图。以图 2-5 所示的资料为依据加以展开,可绘制如图 2-6 所示的概率分布图。

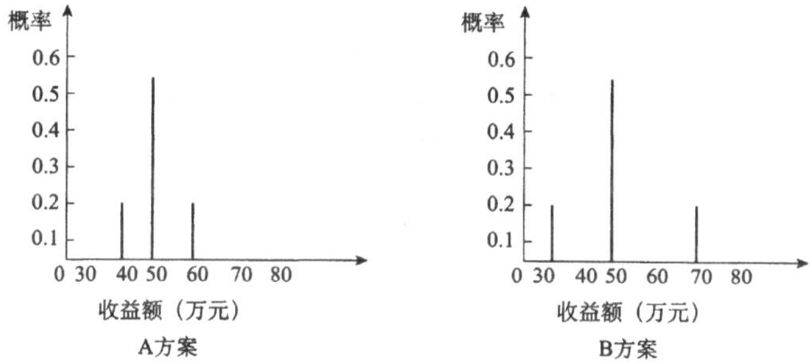

图 2-5　A 方案与 B 方案收益的非连续式概率分布图

在图 2-5 中,收益为 50 万元的概率是 55%,而在图 2-6 中,其概率要小得多。因为在图 2-6 中经济情况不只是两种,而是多种,那么每一种经济情况的概率自然下降。

由此可见,概率分布越集中,概率分布中的峰度越高,投资风险就越低。因为概率分布越集中,实际可能的结果就会越接近预期收益,实际收益率低于预期收益率的可能性就越小。A 方案收益的概率分布比 B 方案要集中得多,因而其投资风险较低。所以,对有风险的投资项目,不仅要考察其预期收益率的高低,而且要考察其风险程度的高低。

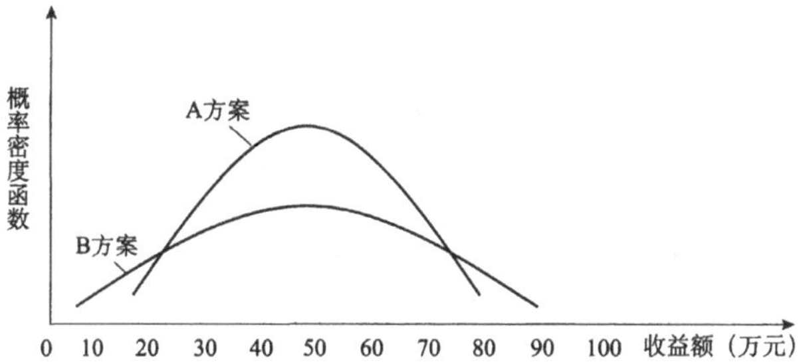

图 2-6　A 方案与 B 方案收益的连续式概率分布图

（四）投资收益的计算

投资风险程度究竟如何计量，这是一个比较复杂的问题，通常以能反映概率分布离散程度的标准离差来确定，根据标准离差计算投资风险收益。现结合实例说明如下。

【例 2-11】　南方公司某投资项目有甲、乙两个方案，投资额均为 10 000 元，其收益的概率分布如表 2-2 所示。

表 2-2　某投资项目甲、乙两方案收益的概率分布表

经济情况	概　率	收益额（随机变量 X_i）（万元）	
		A 方案	B 方案
繁荣	$P_1=0.3$	$X_1=20\%$	$X_1=30\%$
一般	$P_2=0.5$	$X_2=10\%$	$X_2=10\%$
较差	$P_3=0.2$	$X_3=5\%$	$X_3=0$

1. 计算预期收益

预期收益是表明投资项目各种可能的结果集中趋势的指标，它是各种结果的数值乘以相应的概率而求得的平均值，其计算公式已在前面列示。甲、乙方案的预期收益可计算如下：

$$E_{甲}=20\%\times0.3+10\%\times0.5+5\%\times0.2=12\%$$

$$E_{乙}=30\%\times0.3+10\%\times0.5+0\times0.2=14\%$$

1. 计算预期标准离差

以上是在各种风险条件下，计算出期望可能得到的平均收益值为 12%和 14%。但是，实际可能出现的收益往往偏离期望值。如甲方案市场繁荣时偏离 8%，销路一般时偏离-2%，销路较差时偏离-7%。要知道各种收益可能值（随机变量）与期望值的综合偏离程度是多少，不能用三个偏差值相加的办法求得，而只能用求偏差平方和的方法来计算标准离差。计算公式为：

$$标准离差\ \delta=[\Sigma(随机变量\ X_i-期望值\ E)^2\times 概率\ P_i]^{1/2}$$

代入表中数据求得：

$$\delta_{甲}=[(20\%-12\%)^2\times0.3+(10\%-12\%)^2\times0.5+(5\%-12\%)^2\times0.2]^{1/2}=5.57\%$$

$$\delta_{乙}=[(30\%-14\%)^2\times0.3+(10\%-14\%)^2\times0.5+(0-14\%)^2\times0.2]^{1/2}=11.14\%$$

标准离差是由各种可能值(随机变量)与期望值之间所决定的。它们之间的差距越大,说明随机变量的可变性越大,意味着各种可能情况与期望值的差别越大;反之,它们之间的差距越小,说明随机变量越接近于期望值,就意味着风险越小。所以,收益标准离差的大小,可看作是投资风险高低的具体标志。

3. 计算预期标准离差率

标准离差是反映随机变量离散程度的一个指标。但只能用来比较预期收益相同的投资项目的风险程度,而不能用来比较预期收益不同的投资项目的风险程度。为了比较预期收益不同的投资项目的风险程度,还必须求得标准离差和预期收益的比值,即标准离差率,其计算公式为:

$$标准离差率\ V=标准离差\ \delta+期望值\ E\times100\%$$

根据以上公式,代入上列数据求得:

$$V_{甲}=(5.57\%+12\%)\times100\%=46.42\%$$

$$V_{乙}=(11.14\%+14\%)\times100\%=79.57\%$$

三、风险报酬

前面分析的货币时间价值是不考虑风险的,但事实上,企业的各项经济活动都或多或少地包含有风险的成分。一般说来,人们都有一种风险反感的心理,但人们又在经常从事着各种有风险的活动,其原因一方面是由于绝大多数活动都包含风险成分,人们在决策中缺乏选择的余地;另一方面则是有风险报酬,以及人们有收益偏好倾向。

所谓风险报酬,是指投资者冒风险投资而获取的超过货币时间价值的额外报酬。人们从事风险活动的实际结果与预期结果(期望值)会发生偏差,这种偏差可能是负方向的(即低于期望值),也可能是正方向的(即高于期望值),因此,风险意味着危险和机遇。一方面冒风险可能蒙受损失,产生不利影响;另一方面可能会取得成功,获取风险报酬。市场经济条件下,风险和报酬往往是对立的。

风险越大,失败后的损失也越大,成功后的风险报酬也越大。正因为巨大风险的背后隐藏着巨大成功、高额回报的可能,这就成了人们冒风险从事各项经济活动的一种动力。由于风险与收益的并存性,使人们愿意去从事各种风险活动。但对于不同的投资人来说,由于他们对待风险与报酬关系的态度不同,各自对风险与报酬的选择侧重点各不相同,敢于冒风险者,他们更看重高风险背后的高收益,而对风险极度恐惧者,他们更注重降低风险,而看轻风险报酬。

风险和报酬的基本关系是:风险越大,要求的报酬率越高。各投资项目的风险大小是不同的,在投资报酬率相同的情况下,人们都会选择风险小的投资,结果竞争使其风险增加,报酬率下降。最终高风险的项目必须有高报酬,否则就没有人投资;低报酬的项目必须风险很低,否则也没有人投资。风险和报酬的这种联系,是市场竞争的结果。

企业拿投资人的钱去做生意,最终投资人要承担风险,因此他们要求期望的报酬率与其风险相适应。如果不考虑通货膨胀,投资者进行风险投资所要求的投资报酬率(即期望投资报酬)应是时间价值(即无风险报酬率)与风险报酬率之和,即

期望投资报酬率=时间价值+风险报酬率

期望报酬率包括两部分。一是时间价值(即无风险报酬率),如购买国家发行的公债,到期连本带利肯定可以收回。无风险报酬率可以吸引公众储蓄,是最低的社会平均报酬率。二是风险报酬率,它与风险高低有关,风险越高则要求的报酬率越高,是风险的函数。

假设风险和风险报酬率成正比,则:

风险报酬率=风险报酬斜率×风险程度

其中的风险程度用标准差或变异系数等计量。风险报酬斜率取决于全体投资者的风险回避态度,可以通过统计方法来测定。如果大家都愿意冒险,风险报酬斜率就小,风险溢价不大;如果大家都不愿意冒险,风险报酬斜率就大,风险附加率就比较大。

【例 2-12】 某项投资的期望收益为 20%,时间价值为 8%,在没有通货膨胀的条件下,则该项投资的风险报酬率为 12%。

在西方金融学和财务管理学中,有许多模型论述风险程度和风险报酬率的关系,其中一个最重要的模型为资本资产定价模型,简写为 CAPM。这一模型用公式表示为:

$$K_i = R_F + \beta_i(K_m - R_F)$$

式中,K_i—— 第 i 种投资的期望报酬率;

R_F—— 无风险报酬率;

β_i—— 第 i 种投资的 β 系数;

K_m—— 所有投资的平均报酬率。

β系数是指某种投资风险高低的程度,它是某种投资的风险报酬率与所有投资平均风险报酬率的比值,即:

$$\beta = 某种投资的风险报酬率 / 所有投资平均风险报酬率$$

第三章　企业筹资管理

第一节　企业筹资概述

企业筹资,是指企业作为筹资主体根据其生产经营、对外投资和调整资本结构等需要,通过筹资渠道和金融市场,运用筹资方式,经济有效地筹措和集中资本的活动①。

一、企业筹资的动机

企业筹资是为了自身生存和发展的需要。但每次具体的筹资活动则往往是受特定动机驱使的。企业筹资的具体动机归纳起来有四类:创立性筹资动机、扩张性筹资动机、调整性筹资动机和混合性筹资动机。

1. 创立性筹资动机

创立性筹资动机是企业设立时为取得资本金而产生的筹资动机。创建企业必须筹集资金,以获取所需的资本金,并在工商部门办理注册登记后,才能从事生产经营活动。

2. 扩张性筹资动机

扩张性筹资动机是企业因扩大生产经营规模或追加对外投资的需要而产生的筹资动机。具有良好发展前景的、处于成长时期的企业通常会产生这种筹资动机。如扩大生产经营规模、增加市场供应、开发新产品、扩大对外投资规模和开拓有发展前途的经营领域等,都需要追加筹资。扩张筹资动机所产生的直接结果,是企业资产总额和筹资总额的增加。

3. 调整性筹资动机

调整性筹资动机是企业因调整现有资本结构的需要而产生的筹资动机。资金

① 李建纲. 企业筹资风险分析及防范[J]. 冶金财会, 2012(3):22-23.

结构的调整是企业为降低筹资风险、减少资金成本而对权益资金与负债资金间的比例关系进行的调整。资本结构的调整属于企业重要的财务决策事项,也是企业筹资管理的重要内容。

4. 混合性筹资动机

混合性筹资动机是企业既为扩张规模又为调整资本结构的需要而产生的筹资动机。

二、企业筹资的类型

(一)股权资本与债权资本

企业的全部资金,按属性的不同可以分为股权资本和债务资本两种类型。

1. 股权资本

股权资本也称权益资本或自有资本,是企业依法取得并长期拥有、自主调配运用的资本。根据我国的有关法规制度,企业的股权资本由投入资本(或股本)、资本公积、盈余公积和未分配利润组成。

股权资本具有下列属性:

(1)股权资本的所有权归属企业的所有者,所有者凭其所有权参与企业的经营管理和利润分配,并对企业的经营状况承担有限责任;

(2)企业对股权资本依法享有经营权,在企业存续期内,投资者除依法转让外,不得以任何方式抽回其投入的资本,因而自有资金被视为"永久性资本"。

2. 债务资本

债务资本也称借入资本或债权资本,是企业依法筹措并依约使用、按期偿还的资金来源。债务资本具有下列属性:

(1)债务资本体现企业与债权人的债权债务关系;

(2)企业的债权人有权按期索取本息,但无权参与企业的经营管理,对企业的经营状况不承担责任;

(3)企业对持有的债务资本在约定的期限内享有经营权,并承担按期付息还本的义务。

(二)短期资本与长期资本

1. 短期资本

短期资本是指企业使用期限在一年以内的资本。短期资本一般包括短期借款、应付账款和应付票据等项目,通常是采用银行借款、商业信用等筹资方式取得或形成的。

2. 长期资本

长期资本是指企业使用期限在一年以上的资本。企业的长期资本通常包括各种股权资本、长期借款和应付债券等债权资本。这是广义的长期资本。

(三)直接筹资与间接筹资

企业的筹资活动按其是否以金融机构为媒介,可分为直接筹资和间接筹资两种类型。

1. 直接筹资

直接筹资是指企业不经过银行等金融机构,直接与资本所有者协商融通资本的一种筹资活动,主要有投入资本、发行股票、发行债券和商业信用等筹资方式。

2. 间接筹资

间接筹资是指企业借助银行等金融机构而融通资本的筹资活动。间接筹资的基本方式是银行借款,此外还有融资租赁等筹资方式。

(四)内部筹资与外部筹资

企业的全部筹资按资本来源的范围,可以分为内部筹资和外部筹资两种类型。企业应在充分利用内部筹资来源之后,再考虑外部筹资问题。

1. 内部筹资

内部筹资是指企业在企业内部通过留用利润而形成的资本来源。

2. 外部筹资

外部筹资是指企业在内部筹资不能满足需要时,向企业外部筹资而形成的资本来源。

三、筹资渠道与筹资方式

(一)筹资渠道

筹资渠道是指企业筹集资本来源的方向与通道,体现着资金的源泉和流量。企业的筹资渠道有如下七种:

1. 政府财政资本

政府对企业的直接投资是国有企业最主要的资本来源渠道,特别是国有独资企业,其资本全部由国家投资形成,从产权关系上看,产权归国家所有。

2. 银行信贷资本

银行对企业的各种贷款是我国各类企业最为主要的资本来源。我国提供贷款的银行主要有两个:商业银行和政策性银行。商业银行以盈利为目的,为企业提供各种商业贷款;政策性银行为特定企业提供政策性贷款。

3. 非银行金融机构资本

非银行金融机构主要有信托投资公司、租赁公司、保险公司、证券公司和企业集团的财务公司等。他们所提供的金融服务,既包括信贷资本的投放,也包括物资的融通,还包括为企业承销证券。

4. 其他法人资本

其他法人资本是指企业生产经营过程中产生的部分闲置的资本,可以互相投资,也可以通过购销业务达成信用关系达成其他法人资本,这也是企业资本的重要来源。

5. 民间资本

民间资本是指“游离”于银行及非银行金融机构之外的个人资本,可用于对企业进行投资,形成民间资本来源。

6. 企业内部资本

企业内部资本是指企业通过计提折旧、提取公积金和未分配利润等形式形成的资本,这些资本的重要特征之一是:企业无须通过一定的方式去筹集,它们是企业内部自动生成或转移的资本。

7. 国外和我国港、澳、台资本

外国投资者以及我国港、澳、台地区投资者投入的资本，也是企业重要的资本来源。

(二) 筹资方式

企业筹资方式是指企业筹集资本所采取的具体形式和工具，体现着资本的属性和期限。筹资方式取决于企业资本的组织形式和金融工具的开发利用程度。企业一般有下列七种筹资方式：

①吸收直接投资；

②发行股票筹资；

③发行债券筹资；

④发行商业本票筹资；

⑤银行借款筹资；

⑥商业信用筹资；

⑦租赁筹资。

(三) 筹资渠道与筹资方式的配合

企业的筹资方式与筹资渠道有着密切的关系。一定的筹资方式可能只适用于某一特定的筹资渠道；但同一筹资渠道的资本往往可以采取不同的筹资方式获得，而同一筹资方式又往往可以适用于不同的筹资渠道。因此，企业在筹资时，必须实现两者的合理配合。筹资方式与筹资渠道的配合情况，详见表 3-1。

表 3-1　企业筹资方式与筹资渠道的配合

筹资渠道	筹资方式						
	吸收直接投资	发行股票筹资	发行债券筹资	发行商业本票筹资	银行借款筹资	商业信用筹资	租赁筹资
政府财政资本	√	√					
银行信贷资本					√		
非银行金融机构资本	√	√	√	√	√		√
其他法人资本	√	√	√	√	√	√	√

续　表

筹资渠道	筹资方式						
	吸收直接投资	发行股票筹资	发行债券筹资	发行商业本票筹资	银行借款筹资	商业信用筹资	租赁筹资
民间资本	√	√	√	√			
企业内部资本	√	√					
国外和我国港、澳、台资本	√	√	√	√	√	√	√

四、筹资数量的预测

1. 销售百分比法

销售百分比法是根据销售与资产负债表和利润表有关项目之间的比例关系，预测各项目短期资本需要量的方法。该种方法有两个基本假定：一是假定某项目与销售的比率已知并固定不变；二是假定未来销售预测已经完成，从而未来销售一定。在上述假定的前提下，通过百分比来确定该项目的资金需要量。

销售百分比法，一般借助于预计资产负债表和预计利润表来确定其资金需要量，即通过预计资产负债表来测定企业筹资总规模与外部筹资规模的增加额；通过预计利润表来预测企业留用利润这种内部资金来源的增加额。

销售百分比法的计算步骤如下。

(1)区分变动性项目和非变动性项目

变动项目是指随销售收入变动呈同比率变动的项目，反之，即为非变动项目。通常变动性项目有货币资金、应收账款、存货等流动性资产。非变动性项目有固定资产、对外投资等固定性资产。

(2)计算变动性项目的销售百分比计算公式为：

$$变动性项目的销售百分比=\frac{基期变动性资产(或负债)}{基期销售收入}$$

(3)计算需追加的外部筹资额计算公式为：

外加资金需要量=增加的资产-增加的负债-增加的留存收益

其中：

增加的资产 = 增量收入×基期变动资产占基期销售额的百分比

增加的负债 = 增量收入×基期变动负债占基期销售额的百分比

增加的留存收益 = 预计销售收入×销售净利率×收益留存率

对于增加的留存收益，应该采用预计销售收入计算，并且《公司法》中规定企业应当按照当期实现的税后利润的10%计提法定盈余公积金，所以销售留存率不会小于10%。

【例3-1】 A公司2010年12月31日的资产负债表，如表3-2所示。

表3-2 A公司简要资产负债表

2010年12月31日（单位：元）

资产		负债与所有者权益	
库存现金	5 000	应付费用	5 000
应收账款	15 000	应付账款	10 000
存货	30 000	短期借款	25 000
固定资产净值	30 000	公司债券	1 000
		实收资本	20 000
		留存收益	1 000
资产合计	80 000	负债与所有者权益合计	80 000

2010年公司的销售收入为100 000元，现在还有剩余生产能力，即增加销售收入不需要进行固定资产方面的投资。假定销售净利率为10%，如果预计2011年的销售收入为120 000元，用销售百分比法预测2011年需要增加的资金量。

【解析】

①将资产负债表中预计随销售变动而变动的项目分离出来。在本例中，资产负债表中的库存现金、应收账款和存货随销售量的增加而同比例增加，据题意可知资产方的固定资产不随销售量的增加而增加，且保持不变。

在负债和所有者权益一方，应付账款和应付费用也会随销售量的增加而同比例增加，但实收资本、公司债券、短期借款不会自动增加。公司的利润如果不全部分配出去，留存收益也会适当增加。具体变动情况见表3-3（用比率表示的项目是变动项目）。

表 3-3　A 公司的销售百分比表

资产	占销售收入(%)	负债与所有者权益	占销售收入(%)
库存现金	5	应付费用	5
应收账款	15	应付账款	10
存货	30	短期借款	不变动
固定资产	不变动	公司债券	不变动
		实收资本	不变动
		留存收益	不变动
合计	50	合计	15

表中的百分比由该项目数字除以销售收入求得,如存货为:30 000/100 000=30%。该表显示了与销售收入同比例变化的项目与销售收入之间存在的固定比例,同时显示销售收入每增加 100 元,在资产方必须增加 50 元的资金占用,同时产生 15 元的资金来源。

②确定需要增加的资金。从表中可看出,每增加 100 元的销售收入,必须增加 50 元(库存现金+应收账款+存货)的资金占用,但同时也自动增加 15 元的资金来源(应付费用+应付账款)。因此,公司每增加 100 元的销售收入必须增加 35 元(即 35%)的资金来源才能满足资产占用。如销售收入增加到 120 000 元,即增加了 20 000 元,按照 35%的比例预测要增加资金为:20 000×35%=7 000(元)。

③确定对外界资金需求的数量。上述 7 000 元的资金来源首先可以从内部得到,公司 2007 年的净利润为 12 000 元(120 000×10%),如果公司的利润分配的比率为 60%给投资者,则有 40%的利润作为留存收益,即 4 800 元(12 000×40%),那么将有 2 200 元(7 000-4 800)的资金需要从外界融通。根据上述过程计算对外资金需求量为:

外界资金需要量=增加的资产-增加的负债-增加的留存收益

=20 000×50%-20 000×15%-20 000×10%×40%

=2 200(元)

2. 线性回归分析法

线性回归分析法是假定资金需要量与营业业务量之间存在线性关系并建立数学模型,然后根据历史有关资料,用回归直线方程确定参数预测资金需要量的方法。

其预测模型为：

$$y=a+bx$$

式中，y——资金需要量；

a——不变资本；

b——单位业务量所需要的可变资本额；

x——产销量。

其中，不变资本是指在一定的营业规模内，不随业务量增减的资本，主要包括：为维持营业而需要的最低数额的现金、原材料的保险储备、必要的成品或商品储备，以及固定资产占用的资本。可变动资本是指随营业业务量变动而同比例变动的资本，一般包括在最低储备以外的现金、存货、应收账款等所占用的资本。回归分析法计算 a、b 的公式如下：

$$b=\frac{n\Sigma xy-\Sigma x\Sigma y}{n\Sigma x^2-\Sigma x}$$

$$a=\frac{\Sigma y-b\Sigma x}{n}$$

【例 3-2】　某公司 2009 年至 2013 年产品销售量与资金需要量见表 3-4。预计 2014 年产品销售量为 16 万件，用线性回归分析法计算 2014 年的资金需要量。

表 3-4　某公司各年现金需求量表

年度	销售量 x(万件)	资金需要量 y(万元)
2009	12	1 000
2010	11	950
2011	10	900
2012	13	1 050
2013	14	1 100

计算过程如下。

①根据表 3-4 中的有关资料，计算表 3-5 中的数据。

②根据表中的数据，即可计算 a、b 的值如下：

$$b=\frac{5\times60\ 500-60\times5\ 000}{5\times730-60\times60}=\frac{2\ 500}{50}=50$$

$$a=\frac{5\ 000-50\times60}{5}=400$$

表 3-5　某公司 2014 年现金需求量测算表

年度	销售量 x	资金需要量 y	xy	x^2
2009	12	1 000	12 000	144
2010	11	950	10 450	121
2011	10	900	9 000	100
2012	13	1 050	13 650	169
2013	14	1 100	15 400	196
$n=5$	$\Sigma x=60$	$\Sigma y=5\ 000$	$\Sigma xy=60\ 500$	$\Sigma x^2=730$

③建立线性回归分析模型，即：

$$y=400+50x$$

④将 2014 年的销售量 16 万件代入上述回归模型

2014 年的资金需要量 = 400+50×16 = 1 200（万元）

运用线性回归分析法必须注意以下几个问题：

①资金需要量与营业业务量之间线性关系的假定应符合实际情况；

②确定 a、b 数值时，应利用预测年度前连续若干年的历史资料，一般要有三年以上的资料；

③应考虑价格等因素的变动情况。

第二节　股权资本的筹集

一、吸收直接投资

直接投资是指企业按照“共同投资、共同经营、共担风险、共享利润”的原则直接吸收国家、法人、个人投入资金的一种筹资方式。吸收投资中的出资者都是企业的所有者，他们对企业具有经营管理权，各方可按出资额的比例分享利润，承担损失。

(一)吸收直接投资的种类

企业采用吸收直接投资方式筹集的资金一般可分为以下三类:

1. 吸收个人投资

个人投资是指社会个人或本企业内部职工以个人合法财产投入企业,在这种情况下形成的资本称为个人资本。个人资本一般具有以下特点:

①投资的人员较多;

②每人投资的数额相对较少;

③以参与企业利润分配为目的。

2. 吸收法人投资

法人投资是指法人单位以其依法可以支配的资产投入企业,在这种情况下形成的资本称为法人资本。吸收法人投资一般具有如下特点:

①发生在法人单位之间;

②以参与企业利润分配为目的;

③出资方式灵活多样。

3. 吸收国家投资

国家投资是指有权代表国家投资的政府部门或者机构以国有资产投入企业,在这种情况下形成的资本称为国有资本。吸收国家投资是国有企业筹集自有资金的主要方式。根据《企业国有资本与财务管理暂行办法》的规定,国家对企业注册的国有资本实行保全原则。企业在持续经营期间,对注册的国有资本除依法转让外,不得抽回,并且以出资额为限承担责任。吸收国家投资一般具有以下特点:

①产权归属国家;

②资金的运用和处置受国家约束较大;

③在国有企业中采用比较广泛。

(二)直接投资的出资方式

1. 货币出资

货币出资是吸收直接投资中一种最重要的出资方式。有了货币,便可获取其他物质资源。吸收投资中所需投入货币的数额,取决于投入的实物、工业产权之外尚需多少资金来满足建厂的开支和日常周转需要。我国《公司法》规定，公司全体股东或者发起人的货币出资额不得低于公司注册资本的30%。

2. 实物出资

实物出资就是投资者以厂房、建筑物、设备等固定资产和原材料、商品等流动资产所进行的投资。一般来说，企业吸收的实物应符合如下条件：

①确为企业科研、生产、经营所需；

②技术性能比较好；

③作价公平合理。

3. 以工业产权出资

以工业产权出资是指投资者以专有技术、商标权、专利权等无形资产所进行的投资。一般来说，企业吸收的工业产权应符合以下条件：

①能帮助研究和开发出新的高科技产品；

②能帮助生产出适销对路的高科技产品；

③能帮助改进产品质量，提高生产效率；

④能帮助大幅度降低各种消耗；

⑤作价比较合理。

4. 以土地使用权出资

投资者也可以用土地使用权来进行投资，土地使用权是按有关法规和合同的规定使用土地的权利。企业吸收土地使用权投资应符合以下条件：

①企业科研、生产、销售活动所需要的；

②交通、地理条件比较适宜；

③作价公平合理。

（三）吸收直接投资的优缺点

1. 吸收直接投资的优点

①可以直接接受实物投资，快速形成生产能力，满足生产经营的需要。

②可以增强企业信誉，提高企业借款能力。因为吸收直接投资属于自有资金，可扩大企业实力。

③可以规避财务风险。因为企业可以根据其经营状况的好坏进行分配，经营状况好可以多分配一些利润，否则可以不分配利润或者少分配利润，企业承担的偿

付风险低。

2. 吸收直接投资的缺点

①资金成本较高。一般而言,企业是用税后利润支付投资者报酬的,所以资金成本较高。

②容易导致企业控制权分散。采用吸收直接投资方式筹集资金,投资者一般要求参与企业管理,当企业接受外来投资较多时,容易造成控制权分散,甚至使企业完全失去控制权。

二、普通股筹资

股票是股份公司为筹措股权资本而发行的有价证券,是持股人拥有公司股份的凭证。它代表持股人在公司中拥有的所有权,股票持有人即为公司的股东。

(一)股票的种类

股票的种类很多,对其可从不同角度进行分类,以便对股票有个较全面的了解。

1. 按股东享有的权利不同,可分为普通股和优先股

普通股股东享有对公司的经营管理权、红利分配权、剩余财产索求权。优先股较普通股具有如下优先权利:

①股息支付在先;

②股息固定;

③公司解散时,对剩余财产有优先索取权。

2. 按票面是否标明股东姓名,可分为记名股票和无记名股票

将股东姓名记于股票票面并记入股东名册的股票称为记名股票。记名股票丢失,别人不能冒领,这就有利于维护股东利益,但记名股票不能随意转让,转让时要办理过户手续并交纳一定的手续费。凡票面不记载股东姓名的股票称为无记名股票。无记名股票可以自由转让,凭票面所附票息领取股息,丢失会给股东带来损失。

3. 按票面是否标明金额,可分为面值股票和无面值股票

票面标有金额的股票称为面值股票。票面金额的大小代表股东对公司的原始投资,它在股本总额中的比例反映股东享有的权利和承担的义务的大小,面值与现

实价格往往背离。票面不标明金额，只记载股份数或股份比例的股票称为无面值股票。无面值股票虽不能了解投资者的原始投资额，但它有利于促使投资者在进行交易时计算股票的真实价值。

4. 按发行对象不同，可分为A股、B股、H股和N股

A股又称人民币股票，是供我国内地个人或法人买卖的，以人民币标明票面金额并以人民币认购和交易的股票。B股、H股和N股是专供外国和我国港、澳、台地区投资者买卖的，以人民币标明票面金额，以外币认购和交易的股票（注：自2001年2月19日起，B股开始对境内居民开放）。其中B股在上海、深圳上市；H股在香港上市；N股在纽约上市。

4. 股票按发行时间的先后，可分为始发股和新发股

始发股是公司设立时发行的股票，新发股是公司增资时发行的股票。无论始发股还是新发股，其发行条件、发行目的、发行价格都不尽相同，但股东的权利和义务都是一样的。

（二）股票的发行

1. 股票发行的目的

明确股票发行的目的，是股份公司决定发行方式、发行程序、发行条件的前提。股份公司发行股票的目的是筹集资金，但具体而言有以下不同的目的：

①设立新的股份公司，即首次发行股票成立股份公司；

②扩大公司经营规模，即增资发行；

③其他目的，如发放股票股利等。

2. 股票发行的条件

按照我国《公司法》的有关规定，股份有限公司发行股票，应符合以下条件：

①每股金额相等。同次发行的股票，每股的发行条件和价格应当相同。

②股票发行价格可以按票面金额，也可以超过票面金额，但不得低于票面金额。

③股票应当载明公司名称、公司登记日期、股票种类、票面金额及代表的股份数、股票编号等主要事项。

④向发起人、国家授权投资的机构、法人发行的股票，应当为记名股票；对社会公众发行的股票，可以为记名股票，也可以为无记名股票。

⑤公司发行记名股票的，应当置备股东名册，记载股东的姓名或者名称、住所、各股东所持股票编号、各股东取得其股份的日期；发行无记名股票的，公司应当记载其股票数量、编号及发行日期。

⑥公司发行新股，必须具备下列条件：前一次发行的股份已募足，并间隔 1 年以上；公司在最近 3 年内连续盈利，并可向股东支付股利；公司在 3 年内财务会计文件无虚假记载；公司预期利润率可达同期银行存款利率。

⑦公司发行新股，应由股东大会作出有关下列事项的决议：新股种类及数额、新股发行价格、新股发行的起止日期、向原有股东发行新股的种类及数额。

3. 股票发行的基本程序

股份有限公司在设立时发行股票与增资发行新股，程序上有所不同。

(1) 设立时发行股票的基本程序

①发起人认足股份，交付出资。股份有限公司的设立，可以采取发起设立或者募集设立两种方式。无论采用哪种设立方式，发起人均须认足其应认购的股份。若采用发起设立方式，发起人须认购公司应发行的全部股份；若采用募集设立方式，发起人须至少认购公司应发行股份的法定比例（不少于 35%），其余部分向社会公开募集。

②提出募集股份申请。发起人向社会公开募集股份时，必须向国务院证券管理部门递交募股申请，并报送批准设立公司的文件：公司章程，经营估算书，发起人姓名或者名称、发起人认购的股份数、出资种类及验资证明，招股说明书，代收股款银行的名称及地址，承销机构的名称及有关协议等文件。

③公告招股说明书，制作认股书，签订承销协议。招股说明书应附有发起人制定的公司章程，并载明发起人认购的股份数、每股的票面金额和发行价格、无记名股票的发行总数、认股人的权利义务、本次募股的起止期限、逾期未募足时认股人可撤回所认股份的说明等事项。认股书应当载明招股说明书所列事项，由认股人填写所认股数、金额、认股人住所，并签名、盖章。

④招认股份，缴纳股款。

⑤召开创立大会，选举董事会、监事会。发行股份的股款募足后，发起人应在规定期限内（法定 30 天内）主持召开创立大会。

⑥办理公司设立登记，交割股票。经创立大会选举产生的董事会，应在创立大会结束后 30 天内，办理申请公司设立的登记事项。

(2)增资发行新股的程序

股份有限公司成立以后,在其存续期间为增加资本,会多次发行新股。增资发行新股的基本程序如下:

①作出发行新股决议。根据我国《公司法》,公司发行新股须由股东大会作出决议,包括新股种类及数额、新股发行价格、新股发行的起止日期、向原有股东发行新股的种类及数额等事项。

②提出发行新股的申请。公司作出发行新股的决议后,董事会必须向国务院授权的部门或者省级人民政府申请批准。属于向社会公开募集的新股,须经国务院证券管理部门批准。

③公示招股说明书,制作认股书,签订承销协议。公司经批准向社会公开发行新股时,必须公示新股招股说明书和财务会计报表及附表,并制作认股书,还需与证券经营机构签订承销协议。

④招认股份,缴纳股款,交割股票。

⑤改选董事、监事,办理变更登记。

公司发行新股募足股款后,应立即召开股东大会,改选董事、监事。这种改选是由于公司股份增加、股份比例结构变动所引起的增额性改选。然后,公司必须向登记机关办理变更登记,并向社会公告。变更登记事项主要包括本次实际发行新股的股数及数额、发行新股后变更的股东名册、经改选的公司董事和监事名单等。

(三)股票上市

1.股票上市的目的

股票上市是指股份有限公司公开发行的股票,符合规定条件,经过申请批准后在证券交易所作为交易的对象。经批准在证券交易所上市交易的股票,称为上市股票,其股份有限公司称为上市公司。

股份有限公司申请股票上市,一般出于以下目的:

①提高公司所发行股票的流动性和变现性,便于投资者认购、交易;

②促进公司股权的社会化,防止股权过于集中;

③提高公司的知名度;

④有助于确定公司增发新股的发行价格;

⑤便于确定公司的价值,以利于促进公司实现财富最大化目标。

2. 股票上市的条件

股票上市条件也称股票上市标准，是指对申请上市公司所作的规定或要求。按照国际惯例，股票上市的条件，一般有开业时间、资产规模、股本总额、持续盈利能力、股权分散程度、股票市价等。各国对股票上市条件都规定了具体的数量标准。

我国《公司法》规定，股份有限公司申请其股票上市，必须符合下列条件：

①股票经国务院证券管理部门批准已向社会公开发行。

②公司股本总额不少于人民币 3 000 万元，公司公开发行的股份达到公司股份总数的 25%以上。

③开业时间在 3 年以上，最近 3 年连续盈利；原国有企业依法改组而设立的，或者本法实施后新组建成立，其主要发起人为国有大中型企业的，可连续计算。

④持有股票面值达人民币 1 000 元以上的股东人数不少于 1 000 人；公司股本总额超过人民币 4 亿元的，其向社会公开发行股份的比例应在 10%以上。

⑤公司在最近 3 年内无重大违法行为，财务会计报告无虚假记载。

⑥国务院规定的其他条件。

3. 股票上市的暂停、恢复与终止

按照国际惯例，获得股票上市资格，并已实现股票上市的公司，必须持续保持其上市的条件。如果发现已上市的公司有下列情形之一的，由国务院证券管理部门决定暂停其股票上市：

①公司股本总额、股份分布等发生变化不再具备上市条件；

②公司不按规定公开其财务状况，或者对财务会计报告作虚假记载；

③公司有重大违法行为；

④公司最近 3 年连续亏损。

（四）普通股筹资的优缺点

1. 普通股筹资的优点

①普通股筹资没有固定的股利负担。股利的发放与否和支付多少，视公司有无盈利和经营需要而定，经营波动给公司带来的财务负担相对较小。由于发行普通股筹集的资金没有固定的到期还本付息的压力，所以筹资风险较低。

②普通股股本没有固定的到期日，无须偿还，它是公司的永久性资本，除非公

司清算时才予以偿还。这对保证公司对资本的最低需要、维持公司长期稳定发展极为有益。

③发行普通股筹集的资金是公司最基本的资金来源，它反映了公司的实力，可作为其他方式筹资的基础，尤其可为债权人提供保障，增强公司的举债能力。

④发行普通股筹集自有资本能增强公司的信誉。普通股股本以及由此产生的资本公积金和盈余公积金等，是公司筹措债务的基础。

⑤可以免受债权人、优先股股东对公司施加的各种限制。

2. 普通股筹资的缺点

①资本成本较高。一般而言，普通股筹资的成本要高于借入资金。

②利用普通股筹资，出售新股票，增加新股东，可能会分散公司的控制权；新股东对公司已积累的盈余具有分享权，这就会降低普通股的每股净收益，可能引起普通股市价下跌。

③如果今后发行新的普通股票，可能导致股票价格的下跌。

三、优先股筹资

优先股是一种与普通股票相比具有某些优先权利的特别股票。其优先权利主要表现在以下两个方面：

(1)收益分配优先权。优先股股东在公司的股利分配上有优先权，即优先股股利在普通股股利之前支付。

(2)剩余财产求偿优先权。当公司因经营不善，资不抵债不得已清算时，如有剩余资产，优先股股东对这部分剩余资产有优先求偿权，但在金额上也只限于优先的票面价值。为了保护这种优先求偿权，在优先股发行协议中，可以要求公司加入某些限制性条款。

(一)优先股的种类

在现实中，优先股的种类很多，为了全面了解优先股，可从不同角度对优先股进行分类。

1. 按股利发放的可靠与否，可分为累积优先股和非累积优先股

累积优先股是指在公司经济效益欠佳的年份，欠发的优先股股利可以累积计算，到经济效益好的年份可一并补发的优先股。一般来说，公司如有积欠优先股股

利，这些积欠未补发前不得发放普通股利。补发积欠优先股股利一般不计利息。

非累积优先股是指在公司经济效益欠佳年份，欠发的优先股股利以后不再补发的优先股。二者比较起来，对于投资者来说前者较受欢迎，因为它能维护优先股股东的经济利益。

2. 按是否参与公司剩余利润的分配，可分为参与优先股和非参与优先股

参与优先股是指在优先股股东获得固定股利后，还可以按照规定的某种比率与普通股股东一起分享公司的剩余利润的优先股。优先股股东可以参与公司剩余利润的分配，是公司给予优先股股东的一种特殊优惠条件，只有在公司经济效益迅速增长的情况下才有可能附加这个优惠条件，并在发售优先股时予以明确。

非参与优先股是指只能接受票面固定利率分取股利，不得与普通股股东一起分享公司剩余利润的优先股。比较两者，对投资者来说，前者优惠，具有较大的吸引力，但只有作为发售优先股的一个必要条件，优先股股东才能享受此待遇，一般来说，分享条款是很少轻易提供的。

3. 按是否可转换为公司的普通股，可分为可转换优先股和不可转换优先股

可转换优先股是指这种股票赋予优先股股东的一种权利，允许其在未来一定时间，以事先规定的固定转换价格和比率转换成相应的普通股股票。可转换优先股对股东来说有利无害，在普通股股价上涨时可行使转换权，从中获利；在普通股价格下跌时可不行使转换权，继续享受优先股待遇，也不蒙受损失。不可转换优先股是指不具有上述特种权利的优先股。

4. 按是否可赎回，可分为可赎回优先股和不可赎回优先股

可赎回优先股是指附有公司在未来一定时间有权按照事先规定的价格收回其发行的股票的优先股，不可赎回优先股是指未附有上述权利的优先股。可赎回优先股给予发行公司及时清偿优先股的权利，这对公司来说，就掌握了以此来调整公司财务的机动权。

（二）优先股筹资的优缺点

1. 优先股筹资的优点

①不必偿还本金。

②股利支付既固定又有一定的弹性。优先股虽采用固定股利，但固定股利的支付不构成公司的法定义务。

③有利于增强公司信誉。优先股扩大了自有资金,增加了公司信誉,增强了公司的借款能力。

2. 优先股筹资的缺点

①筹资成本高。从税后净利中支付股利,其筹资成本高于债务资金。

②筹资限制多。发行优先股,通常有许多限制条款,如对普通股股利支付上的限制、对公司借债限制等。

③财务负担重。对优先股需要支付固定股利,但又不能在税前扣除,成为较重的财务负担。

第三节　债务资本的筹集

一、银行借款

银行借款是指企业根据借款合同从有关银行或非银行金融机构借入的需要还本付息的款项。

(一)银行借款的种类

银行借款可按不同的标准,进行以下分类。

1. 按借款使用期限的长短,可分为短期借款、中期借款和长期借款

短期借款一般是指使用期限在一年内的各种借款;中期借款一般是指使用期限在1~5年的各种借款;长期借款一般是指使用期限在5年以上的各种借款。应当指出的是,该种分类也不是绝对的,不仅各国掌握的标准不一致,甚至一个国家不同时期这种分类标准也会有差异。有的干脆就把借款按期限长短划分为两大类,即短期借款和长期借款。

2. 按借款条件分类,可分为信用借款和担保借款

信用借款是指仅凭借款人良好的资信,不需提供任何担保而取得的借款;担保借款是指以借款人向贷款人提供某种担保为条件而取得的借款。

3. 按借款的用途不同,可分为基本建设借款、更新改造借款以及其他专项借款

基本建设借款是指企业为解决企业扩大生产经营规模的需要而向发放贷款机构借入资金,该种借款的主要用途是用于企业新建、扩建生产场所,为改变生产力

布局而进行的全厂性迁建、增添新设备等方面的投资。更新改造借款是指企业为解决对现有生产设备和设施进行更新和技术改造所需资金而向发放贷款机构借入资金,该种借款主要用于机器设备的以新换旧;房屋建筑物的重建等。

其他专项借款是指除以上两种借款外,为解决企业其他专门用途所需资金而向发放贷款机构申请借入资金,主要包括科研开发借款、出口专项借款、进口设备借款等。

4. 按提供信贷资金的主体不同,可分为政策性银行借款、商业银行借款、合作银行借款和非银行金融机构借款

政策性银行借款是指执行国家政策性贷款业务的银行向企业发放的贷款,如国家开发银行为国家重点建设项目向企业提供的贷款;进出口信贷银行为国家大型成套设备的进出口向企业提供信贷支持等。商业银行借款是指企业按规定程序从商业银行取得的借款。合作银行借款是指符合该贷款条件的企业按规定从合作银行取得的借款。

非银行金融机构借款是指企业按照规定从保险公司、信托公司、融资公司、金融租赁公司、金融期货公司、信用担保公司、证券公司、财务公司等这些机构取得的借款。

(二)银行借款的程序

企业向银行借款一般按如下程序操作。

1. 企业提出借款申请

企业根据自身的资金需要,欲取得借款,首先应按照贷款规定的要求向银行提出借款申请。借款申请书一般包括如下主要内容:借款目的和用途、借款的数额和期限、借款利率要求、贷款项目的经济效益预测、分期借还款计划、借款担保形式和数额等。

2. 银行进行审批

为了保证信贷资金的安全,银行对接到的企业借款申请应进行严格的审查,经过审查符合条件者才予批准。我国商业银行法规定,商业银行贷款,应当实行审贷分离、分级审批的制度。银行对企业贷款的审查一般包括如下几个方面:

①贷款的目的和用途;

②贷款的数额和期限;

③借款人的资信状况；

④贷款担保人或担保品；

⑤贷款投资项目的可行性等内容。

3. 签订借款合同

借款合同是明确借贷双方权利、义务和经济责任的法律性书面文件。它对保护借贷双方当事人合法权益具有重要作用。我国商业银行法规定："商业银行贷款，应当与借款人订立书面合同。"可见，订立贷款合同是商业银行贷款业务的法定必经程序。借款合同一般应当约定借款种类、借款用途、金额、利率、还款期限、还款方式、违约责任和双方认为需要约定的其他事项。最后借贷双方签字、盖章。

4. 企业取得借款

从借款合同生效日起，银行即可在核定的贷款额度内，依据企业的用款计划和实际需要，一次或分次将贷款划入企业的存款结算账户。

(三)银行借款的信用条件

按照国际惯例，银行借款往往附加一些信用条件，主要有信贷额度、周转授信协议、补偿性余额、借款抵押等。

1. 信贷额度

信贷额度是借款企业与银行间正式或非正式协议规定的企业借款的最高限额。通常在信用额度内，企业可随时按需要向银行申请借款。

2. 周转授信协议

周转授信协议是指银行具有法律义务承担提供不超过某一最高限额的贷款协议。在该协议的有效期内，只要企业借款总额未超过最高限额，银行必须满足企业任何时候提出的借款要求。该协议是一种经常为大公司使用的正式授信额度。

因为银行对周转授信额度负有法律义务，因此要向企业收取一定的承诺费用，一般按企业使用的授信额度的一定比率(2‰左右)计算。

3. 补偿性余额

补偿性余额是银行要求借款企业将借款的10%～20%的平均存款余额留存银行。银行通常都有这种要求，目的是降低银行贷款风险，提高贷款的有效利率，以便补偿银行的损失。

4. 借款抵押

银行向财务风险高、信誉度低的企业贷款时，往往需要抵押品担保。抵押品可以是股票、债券、房地产、存货及应收账款。银行收到抵押品后一般按抵押品价值的 30%～50%发放贷款。抵押贷款因风险较高，其利率往往高于非抵押贷款。

（四）借款利息的支付方式

1. 收款法

收款法是指在借款到期时向银行支付利息的方法。银行向工商企业发放的贷款大都采用这种方法收息。采用这种方法，借款的名义利率等于其实际利率。

2. 贴现法

贴现法是银行向企业发放贷款时，先从本金中扣除利息部分，到期时借款企业则要偿还贷款全部本金的一种计息方法。采用这种方法，企业可利用的贷款额只有本金减去利息部分后的差额，因此贷款的实际利率高于名义利率。

3. 加息法

加息法是银行发放分期等额偿还贷款时采用的利息收取方法。在分期等额偿还贷款的情况下，银行要根据名义利率计算的利息加到贷款本金上，计算出贷款的本息和，要求企业在贷款期内分期偿还本息之和的金额。

由于贷款分期等额偿还，借款企业实际上平均使用了贷款本金的半数，却支付全额利息。这样，企业所负担的实际利率便高于名义利率大约 1 倍。

（五）银行借款筹资的优缺点

1. 银行借款筹资的优点

①筹资速度快，手续简便。企业利用银行借款筹资，一般所需时间较短，程序较为简单，可以快速获得现金。

②借款成本较低。利用银行借款筹资，其利息可在所得税前列支，故可减少企业实际负担的成本，因此比股票筹资的成本要低得多；与债券相比，借款利率一般低于债券利率。此外，由于借款属于间接筹资，筹资费用也极少。

③借款弹性较大。在借款时，企业与银行直接商定贷款的时间、数额和利率等；在用款期间，企业如因财务状况发生某些变化，也可与银行再行协商，变更借款数量及还款期限等。

2. 银行借款筹资的缺点

①筹资风险较高。借款通常有固定的利息负担和固定的偿付期限，故借款企业的筹资风险较高。

②限制条件较多。贷款机构为了保证信贷资金的安全性，在借款合同中往往要求加入若干限制资金、资产利用方面的条款，这无疑会影响一些资金和资产的合理使用，它不仅会在某种程度上影响资金的周转速度，也会对收益产生影响，还可能会影响到企业以后的筹资和投资活动。

③筹资数量有限。一般不如股票、债券那样可以一次筹集到大笔资金。

二、债券筹资

债券是债务人为筹集借入资本而发行的，约定在一定期限内向债权人还本付息的有价证券。发行债券是企业筹集借入资本的重要方式。

(一)债券的种类

企业债券的种类很多，为了全面了解企业债券的特征，介绍几种主要的分类方法：

1. 按是否记名，可分为记名债券和无记名债券两类

记名债券是在票面上记载购买人姓名并在发行公司注册登记的债券，该种债券对债权人有一定保护作用，到期支取本息须凭持有人的手持证券与已注册登记的姓名相符的印鉴，债券丢失别人不得冒领。该种债券未到期转让需办理过户登记手续。无记名债券是在票面上不记载债权人姓名也不必在公司注册登记的债券，该种债券到期，持有人凭票到指定机构领取本息，未到期转让不必办理过户手续。

2. 按能否转换为公司股票，分为可转换债券和不可转换债券

若公司债券能转换为本公司股票，则为可转换债券；反之则为不可转换债券。一般而言，前种债券的利率要低于后种债券。

3. 按有无抵押担保，可分为信用债券和抵押债券两类

信用债券的发行完全依靠发行企业的信誉，以信托、契约为依据，不要抵押品或担保品。抵押债券是以发行企业的特定财产作为抵押担保品(不动产或流动资产)而发行的债券。信用债券筹资无其他附加条件，对筹资企业有利但要以良好的

信誉为条件；抵押债券则有利于维护债权人的权益，对筹资企业的经营自由有一定的限制。该种分类有利于企业科学地分析自身的筹资条件，选择恰当的筹资方式。

4. 按债务本息的偿还方式不同，可分为一次性偿还债券和分次偿还债券

一次性偿还债券的特点是债券到期一次还本付息。分次偿还债券主要有两种情况：一种是在债券到期日前分次偿还本金和利息，于到期日全部结清债务；另一种是本金到期一次支付，利息在债券到期日前分次支付。该种分类有利于借入资金的计划筹措和偿还。

（二）债券的发行

1. 发行债券的资格

根据我国公司法的规定，股份有限公司、国有独资公司和两个以上的国有企业或者其他两个以上的国有投资主体投资设立的有限责任公司，具有发行公司债券的资格。

2. 发行债券的条件

根据我国公司法的规定，发行公司债券必须符合下列条件：

①股份有限公司的净资产额不低于人民币 3 000 万元，有限责任公司的净资产额不低于人民币 6 000 万元；

②累计债券总额不超过公司净资产的 40%；

③最近三年平均可分配利润足以支付公司债券一年的利息；

④筹集的资金投向符合国家产业政策；

⑤债券的利率不得超过国务院限定的利率水平；

⑥国务院规定的其他条件。

此外，发行公司债券所筹集资金，必须按审批机关批准的用途使用，不得用于弥补亏损和非生产性支出。

发行公司发生下列情形之一的，不得再次发行公司债券：

①前一次发行的公司债券尚未募足；

②对已发行的公司债券或者其债务有违约或者延迟支付本息的事实，且仍处于继续状态；

③违反规定，改变公开发行公司债券所募资金的用途。

3. 发行债券的程序

发行公司债券一般需要经过一定的程序。

(1)公司作出发行债券的决议。公司首先要研究合理资本结构对负债的需要,然后研究公司是否符合发行债券的条件,对符合债券发行条件的公司应提出债券发行计划,提交公司决策集团讨论,通过后形成发行债券筹资的决议。

在决议中,对发行债券筹资的用途、使用资金可能产生的效益预测、债券的种类、发行对象、票面总额和利率、还本付息方式和时间等都要作出明确的决定。

(2)发行债券的申请与审批。公司向社会公众发行债券募集资金,数额大且债权人多,所牵涉的利益范围大,所以必须对公司债券的发行进行审批。凡欲发行债券的公司,先要向国务院证券管理部门提出申请,并提交公司登记证明、公司章程、公司债券募集办法、资产评估报告和验资报告等文件。国务院证券管理部门根据有关规定,对公司的申请予以核准。

(3)制定债券募集办法并予以公告。发行公司债券的申请被批准后,应由发行公司制定公司债券募集办法。办法中应载明的主要事项有:公司名称、债券总额和票面金额、债券利率、还本付息的期限与方式、债券发行的起止日期、公司净资产额、已发行的尚未到期的债券总额、公司债券的承销机构。公司制定好募集办法后,应按当时、当地通常合理的方法向社会发起公告。

(4)募集借款。债券的发行,如同股票发行,也有自办发行和委托发行两种。自办发行的债款由发行公司收取,委托发行的债款由承办机构收取。根据我国公司债券管理条例规定:公司发行债券,应由证券经营机构承销,发行公司应与承销机构签订承销协议,由承销机构按协议规定的办法和日期及时收取债款。

4. 债券发行价格的确定

(1)决定债券发行价格的因素。公司债券发行价格的高低,主要取决于下述四项因素:

①债券面额。一般而言,债券面额越大,发行价格越高。

②票面利率。一般而言,债券的票面利率越高,发行价格也越高;反之就越低。

③市场利率。一般而言,债券的市场利率越高,债券的发行价格越低;反之就越高。

④债券期限。债券的期限越长,债权人的风险越大,要求的利息报酬就越高,

债券的发行价格就可能较低;反之,可能较高。

(2)确定债券发行价格的方法。在实际操作中,公司债券的发行价格通常有三种情况,即等价、溢价、折价。

等价是指以债券的票面金额作为发行价格,多数公司债券采用等价发行;溢价是指按高于债券面额的价格发行债券;折价是指按低于债券面额的价格发行债券。债券的发行价格具体可按下列公式计算确定:

$$债券发行价格=\frac{票面金额}{(1+市场利率)^n}+\sum_{t=1}^{n}\frac{票面金额\times票面利率}{(1+市场利率)^t}$$

式中,n——债券期限;

t——付息期数;

市场利率——指债券发售时的市场利率。

(三)债券筹资的优缺点

1. 债券筹资的优点

①债券成本较低。与股票的股利相比较而言,债券的利息允许在所得税前支付,发行公司可享受税上利益,故公司实际负担的债券成本一般低于股票成本。

②可利用财务杠杆。无论发行公司的盈利多少,债券持有人一般只收取固定的利息,而更多的收益可用于分配给股东或留用公司经营,从而增加股东和公司的财富。

③保障股东控制权。债券持有人无权参与发行公司的管理决策,因此,公司发行债券不会像增发新股票那样可能会分散股东对公司的控制权。

④便于调整资本结构。在公司发行可转换债券以及可提前赎回债券的情况下,则便于公司主动地合理调整资本结构。

2. 债券筹资的缺点

①财务风险较高。债券有固定的到期日,并需定期支付利息,发行公司必须承担按期付息偿本的义务。

②限制条件较多。发行债券的限制条件一般要比银行借款、租赁筹资的限制条件都要多且严格,从而限制了公司对债券筹资方式的使用。

③筹资数量有限。公司利用债券筹资一般受一定额度的限制。多数国家对此都有限定。我国公司法规定,发行公司流通在外的债券累计总额不得超过公司净

资产的40%。

三、融资租赁

租赁是出租人以收取租金为条件，在契约或合同规定的期限内，将资产租借给承租人使用的一种经济行为。租赁行为在实质上具有借贷属性，不过它直接涉及的是物而不是钱。在租赁业务中，出租人主要是各种专业租赁公司，承租人主要是其他各类企业，租赁物大多为设备等固定资产。

现代租赁已经成为企业筹集资金的一种方式，用于补充或部分替代其他筹资方式。在租赁业务发达的条件下，它被企业普遍采用，是企业筹资的一种特殊方式。

租赁的种类很多，目前我国主要有经营租赁和融资租赁两类。

经营租赁是由出租人向承租企业提供租赁设备，并提供设备维修保养和人员培训等服务性业务，承租企业无须先筹资再购买设备即可享有设备的使用权，具有短期筹资的功效。

融资租赁是由租赁公司按照承租企业的要求融资购买设备，并在契约或合同规定的较长期限内提供给承租企业使用的信用性业务。承租企业采用融资租赁的主要目的是融通资金。融资租赁集融资与融物于一身，具有借贷性质，是承租企业筹集长期借入资金的一种特殊方式。

（一）融资租赁的形式

融资租赁按其业务的不同特点，可细分为如下三种具体形式。

1. 直接租赁

直接租赁是指承租人直接向出租人租入所需要的资产并付租金的融资租赁。直接租赁的出租人主要是制造厂商和租赁公司。直接租赁是融资租赁的典型形式，通常所说的融资租赁是指直接租赁形式。

2. 售后租回

售后租回是指根据协议，企业将某资产卖给出租人，再将其租回使用的融资租赁。资产的售价大致为市价，售后租回的出租人为租赁公司等金融机构。在这种形式下，承租人一方面通过出售资产获得了现金；另一方面又通过租赁满足了对资产的需要，而租金却可以分期支付。

3. 杠杆租赁

杠杆租赁是国际上比较流行的一种融资租赁形式。它一般要涉及承租人、出租人和贷款人三方当事人。从承租人的角度来看,它与其他融资租赁形式并无区别,同样是按合同的规定,在租期内获得资产的使用权,按期支付租金。但是对出租人却不同,出租人只垫支购买资产所需现金的一部分(一般为20%~40%),其余部分(60%~80%)则以该资产为担保向贷款人借资支付。

因此,在这种情况下,租赁公司既是出租人又是借款人,据此既要收取租金又要偿还债务。由于租赁收益一般大于借款成本支出,出租人借款购物出租可获得财务杠杆利益,故这种融资租赁形式被称为杠杆租赁。

(二)融资租赁的程序

融资租赁一般按如下程序进行:

①出租人根据生产经营需要选定需用设备,再选择租赁公司。对租赁公司的选择一般要综合考虑各家租赁公司的经营范围、业务能力、筹资能力、服务态度等各种条件,选择能达到租赁目的的最有利出租人。

②办理租赁委托。在该阶段,企业向选定的租赁公司提交租赁委托书,委托书一般应载明:承租企业名称、住所、开户银行及账号,租赁设备的名称、规格、型号、性能、制造厂商,并附有项目可行性研究报告和企业财务报告等资料。

③签订购货协议。由租赁业务的一方或双方选定设备制造商或销售商,与其谈判,签署购货协议。

④签订租赁合同。经租赁公司对承租人的申请研究同意后,即可接受委托并与承租人签订租赁合同。租赁合同的主要内容包括:租赁双方单位名称、租赁物的所有权和使用期限、到期租赁物的处理、租金水平、支付方式、经济担保、保险税务、违约责任、争议仲裁。

⑤办理验货与保险。在此阶段,租赁公司应按租赁合同要求,按期将设备运到交货地点,而后租赁双方办理移交手续,为确保租赁设备的安全,承租企业一般要办理投保。

⑥使用设备并按期交付租金。

⑦合同期满的设备处理。租赁合同期满租赁双方应办理结束合同手续,并对租赁设备按合同规定办法处理,或将设备按剩余价值买下,或将设备退还租赁公

司,必要时也可以签订续租手续。

（三）融资租赁的租金

租金是承租企业占用出租人的资产而向出租人付出的代价。租金支付额的多少和支付方式必然对承租企业的现金流和财务状况产生影响,是租赁决策的重要考虑因素。

1.融资租赁的租金构成

在我国,从事融资租赁的出租人主要有租赁公司、信托投资公司和银行信贷部门。这些出租人出租设备,除了要从租金中抵补其购入设备的各项成本和费用,还要获取相应的利润,因此融资租赁的租金就包括租赁设备的成本、租赁设备的成本利息和租赁手续费三大部分。

①租赁设备的成本。租赁设备的成本包括设备的买价、运杂费和运输途中的保险费等项目。它是租金的主要组成部分。

②租赁设备的成本利息。租赁设备的成本利息是指租赁公司为承租企业购置设备融资而应计的利息,如为购买租赁设备而向银行借款所应支付的利息。

③租赁手续费。租赁手续费通常包括租赁公司承办租赁设备的营业费用,还包括出租人向承租企业提供租赁服务所赚取的利润。租赁手续费的高低一般无固定标准,通常由承租企业与租赁公司协商确定,按设备成本的一定比率计算。

2.租金的支付方式

租金的支付方式也影响每期租金的多少,一般而言,租金支付次数越多,每次的支付额越小。支付租金的方式通常分为三类:

①按支付时期长短,分为年付、半年付、季付和月付;

②按支付时期先后,分为先付租金和后付租金,先付租金是指在期初支付,后付租金是指在期末支付;

③按每次是否等额支付,分为等额支付和不等额支付。

3.租金的计算方法

租金的计算方法很多,名称叫法也不统一。目前,国际上流行的租金计算方法主要有平均分摊法、等额年金法、附加率法、浮动利率法。我国融资租赁实务中,大多采用平均分摊法和等额年金法。

(1)平均分摊法

平均分摊法是先以商定的利息率和手续费率计算出租赁期间的利息和手续费,然后连同设备成本按支付次数平均。这种方法没有充分考虑时间价值因素,计算较为简单。每次应付租金的计算公式可列示如下:

$$每次支付的租金=\frac{(设备成本-预计残值)+租期内利息+租赁手续费}{租期}$$

【例 3-3】 某企业 2007 年 1 月向租赁公司租入设备一套,价值为 200 万元。租期为 6 年,预计残值为 10 万元(归出租方所有),租期年利率为 10%,租赁手续费为设备价值的 3%。租金为每年末支付一次,则该设备每年支付的租金为:

$$租期内利息=200\times(1+10\%)^6-200=154.32(万元)$$

$$租赁手续费=200\times3\%=6(万元)$$

$$每年支付的租金=\frac{200-10+154.32+6}{6}=58.39(万元)$$

(2)等额年金法

等额年金法是运用年金现值的计算原理计算每期应付租金的方法。在这种方法下,通常要将利率和手续费率综合成一个租赁费率,作为贴现率。其计算公式为:

$$每年支付的租金=\frac{等额租金现值总额}{年金现值系数}$$

支付年金分为两种情况:一种是每期租金在年初支付,即采用先付年金(即付年金)方式;另一种是每年年末支付租金,即采用后付年金(普通年金)方式。

【例 3-4】 承上例,租赁费率综合率为 13%,且不考虑残值。采用每年末支付租金,则每年末支付的租金为:

$$每年末支付的租金=\frac{200}{3.9975}=50.03(万元)$$

其中,3.997 5 为 $n=6$,$r=13\%$的年金现值系数。

本例如果采用即付年金,则每年年初支付的租金为:

$$每年初支付的租金=\frac{50.03}{1+13\%}=44.27(万元)$$

从上述两种计算方法看,平均分摊法没有考虑资金时间价值因素,因此它每年支付的租金比等额年金法要多。企业在选择租金计算方法时,应采用等额年金法,这样对承租人有利。从等额年金法的先付与后付方式看,名义支付的租金额有出入(先付租金小于后付租金),但实质上并没有差别。企业可任选一种,并与出租人进行协商确定。

(四)融资租赁筹资的优缺点

1. 融资租赁筹资的优点

①迅速获得所需资产。融资租赁集"融资"与"融物"于一身,一般要比先筹措现金后再购置设备来得更快,可使企业尽快形成生产经营能力。

②融资租赁筹资限制较少。企业运用股票、债券、长期借款等筹资方式,都受到相当多的资格条件的限制,相比之下,租赁筹资的限制条件很少。

③设备陈旧过时的风险高。随着科学技术的不断进步,设备陈旧过时的风险很高,而多数租赁协议规定由出租人承担,承租企业可免遭这种风险。

④财务风险低。全部租金通常在整个租期内分期支付,可适当降低不能偿付的危险。

⑤税收负担轻。租金费用可在所得税前扣除,具有抵免所得税的作用。

2. 融资租赁筹资的缺点

①资本成本较高。一般来说,租金总额通常要高于设备价值的30%,比向金融机构借款或发行债券筹资所负担的利息高得多。

②资产处置权有限。承租企业在租赁期内无资产所有权,不能根据自身要求自行处置租赁资产。

四、商业信用

商业信用是指在商品交易中由于延期付款或预收货款所形成的企业间的借贷关系。商业信用产生于商品交换之中,是所谓的"自发性筹资"。它运用广泛,在短期负债筹资中占有相当大的比重。在大多数情况下,商业信用筹资属于"免费"资金。

(一)商业信用的形式

商业信用的具体形式有应付款项、应付票据和预收账款。

1. 应付账款

应付账款是企业购买货物暂未付款而欠对方的款项,即卖方允许买方在购货后一定时期内支付货款的一种形式。卖方利用这种方式促销，而对买方来说延期付款则等于向卖方借用资金购进商品，可以满足短期的资金需要。卖方为促使买方及时承付货款，一般均给买方提供一定的现金折扣，如“2/10，n/30”等。

在这种形式下，买方通过商业信用筹资的数量与其是否享有现金折扣有关。一般存在以下三种情况：

第一种，享有现金折扣，买方在现金折扣期内付款。在这种情形下，买方占用卖方货款的时间短，信用筹资数量相对较少。

第二种，不享有现金折扣，买方在信用期内付款。在这种情形下，买方筹资量大小取决于对方提供的信用期长短。

第三种，超过信用期的逾期付款（即拖欠）。在这种情形下，买方筹资量最大，但它对企业信用的副作用也最大，成本也最高，企业一般不宜以拖欠货款来筹资。

（1）应付账款的成本。倘若买方企业购买货物后在卖方规定的折扣期内付款，便可以享受免费信用，这种情况下企业没有因为享受信用而付出代价。

【例 3-5】 某企业按“2/10，n/30”的条件购入货物需款 20 万元。如果该企业在 10 天内付款，便享受了 10 天的免费信用期，并获得折扣 0.4 万元（20×2%），免费信用额为 19.6 万元（20-0.4）。

倘若买方企业放弃现金折扣，在 10 天后（不超过 30 天）付款，该企业便要承受因放弃现金折扣而造成的隐含利息成本。一般而言，放弃现金折扣的成本可用下式求得：

$$放弃现金折扣成本=\frac{折扣百分比}{1-折扣百分比}\times\frac{360}{信用期-折扣期}$$

运用上式，该企业放弃现金折扣所负担的成本为：

$$\frac{2\%}{1-2\%}\times\frac{360}{30-10}=36.73\%$$

公式表明，放弃现金折扣的成本与折扣百分比的大小、折扣期的长短同方向变化，与信用期的长短反方向变化。可见，如果买方企业放弃现金折扣而获得信用，其代价是较高的。然而，企业在放弃现金折扣的情况下，推迟付款的时间越长，其成本便会越小。比如，如果企业延至 50 天付款，其成本则为：

$$\frac{2\%}{1-2\%}\times\frac{360}{50-10}=18.37\%$$

（2）利用现金折扣的决策。在附有信用条件的情况下，因为获得不同信用要负担不同的代价,买方企业便要在利用哪种信用之间作出决策。一般来说有以下几种情况。

如果能以低于放弃现金折扣的隐含成本(实质是一种机会成本)的利率借入资金,便应在现金折扣期内用借入的资金支付货款,享受现金折扣。比如,与上例同期的银行短期借款年利率为10%,则买方企业应利用更便宜的银行借款在折扣期内偿还应付账款;反之,企业应放弃现金折扣。

如果在现金折扣期内将应付账款用于短期投资,所得的投资收益率高于放弃现金折扣的隐含利息成本,则应放弃现金折扣而去追求更高的收益。当然,假使企业放弃现金折扣优惠,也应将付款日期推迟至信用期内的最后一天(如上例中的第30天),以降低放弃现金折扣的成本。

如果企业因缺乏资金而欲托延付款期(如上例中将付款日推迟到第50天),则需在降低了的放弃现金折扣成本与拖延付款带来的损失之间作出选择。拖延付款带来的损失主要是指因企业信誉恶化而丧失供应商乃至其他贷款人的信用,或日后招致苛刻的信用条件。

如果面对两家以上提供不同信用条件的卖方,应通过衡量放弃现金折扣成本的大小,选择信用成本最小(或所获利益最大)的一家。比如,上例中另有一家供应商提出“1/20,n/30”的信用条件,其放弃现金折扣的成本为:

$$\frac{1\%}{1-1\%}\times\frac{360}{30-20}=36.36\%$$

与上例中“2/10,n/30”信用条件的情况相比,后者的成本较低。

2. 应付票据

应付票据是企业进行延期付款商品交易时开具的反映债权债务关系的票据。根据承兑人的不同,应付票据分为商业承兑汇票和银行承兑汇票两种。但不管承兑人是谁,最终的付款人仍是购货人。应付票据的付款期限一般为1~6个月,最长不超过6个月。应付票据可以带息,也可以不带息。

应付票据的利率一般比银行借款的利率低,且不用保持相应的补偿余额和支付协议费,所以应付票据的筹资成本低于银行借款成本。但是应付票据到期必须归还,如若延期便要交付罚金,因而风险较高。

3. 预收账款

预收账款是卖方企业在交付货物之前向买方预先收取部分或全部货款的信用

形式。对于卖方来讲，预收账款相当于向买方借用资金后用货物抵偿。预收账款一般用于生产周期长、资金需要量大的货物销售。

此外，企业往往还存在一些非商品交易中产生但也为自发性筹资的应付费用，如应付职工薪酬、应交税费、应付利息等。应付费用使企业受益在前、费用支付在后，相当于享用了收款方的借款，一定程度上缓解了企业的资金需要。应付费用的期限具有强制性，不能由企业自由斟酌使用，但通常不需付出代价。

（二）商业信用筹资的优缺点

1. 商业信用筹资的优点

①手续简便。商业信用伴随商品交易活动的产生而产生，一旦商品成交，该种筹资方式便形成。

②机动性大。在市场经济条件下，供求往来单位很多，各自条件不一，选择余地大，限制条款少。

③筹资成本低。由卖方免费提供商业信用，如果没有现金折扣或企业不放弃现金折扣，则利用商业信用筹资没有筹资成本。

2. 商业信用筹资的缺点

①使用期限短，还款风险高。利用商业信用属于短期筹资方式，不能用于长期资产占用。此外，各种应付款项经常发生，次数频繁，需要企业随时做好现金调度。

②使用范围窄，主要适用于商品交易。

③容易产生拖欠货款，形成债务纠纷。该种方式以资金运动与物资运动相分离为本质特征，这要以购销双方相互信任为条件，在交易双方不了解或品质有问题的情况下，很容易形成拖欠，因此，在交易双方互不了解的情况下，利用商业信用筹资就不具备条件。

第四节 资本成本

一、资本成本概述

(一)资本成本的概念、内容与分类

1. 资本成本的概念

资本成本是企业筹集和使用资本所付出的代价。这里的资本是指企业所筹集的长期资本,包括股权资本和长期债权资本。从投资者的角度看,资本成本也是投资者要求的必要报酬或最低报酬。资本成本主要用于筹资决策、投资决策和评价企业未来的经营成果,也可用来评价企业的筹资效益。

2. 资本成本的内容

(1)筹资费用

筹资费用指企业在筹集资本活动中为获得资本而付出的费用,例如,股票、债券的发行费、各种借款手续费、筹资咨询费、支付给中介机构的代办费等。筹资费用通常是在筹措资金时一次性支付,在用资过程中不再发生。因此,属于固定性的资本成本,可视为筹资数额的扣除项。

(2)用资费用

用资费用指企业在生产经营、投资过程中因使用资本而付出的费用,例如,向股东支付的股利、向债权人支付的利息等。这是资本成本的主要内容。长期资金的用资费用,因使用资金数量的多少和时期的长短而变动,属于变动性资本成本。

3. 资本成本的种类

为了全面了解资本成本,对资本成本可从不同角度分类。

①按资本成本的用途不同可分为商业信用资本成本、借款资本成本、租赁资本成本、债券成本、优先股成本、普通股成本和留存收益成本等几大类。可以说,有多少个资金来源渠道方式,就有多少个资本成本。该种分类的目的在于正确计算各种资金来源的成本,考核各种资金筹集的效益,了解企业资本成本的构成。

②按所筹资金使用期限的长短不同可分为短期资本成本和长期资金成本。短期资本成本是指筹集可使用各种短期资金所付出的代价,由于短期资金容易筹集,

筹资较少，使用期限较短，使用成本水平也较低。因此，在财务决策中，一般不计算短期资本成本。长期资本成本是指为筹集一定数量的长期借入资金或自有资金所付出的代价，长期资本成本既可用于考核筹集长期资金的效益，又可用于企业资本结构的决策。

③按资本成本的代表意义不同可分为个别资本成本、综合资本成本和边际资本成本。个别资本成本代表各个单项资金来源渠道和方式的成本水平，它主要用于考核个别资金来源的筹资效益。综合资本成本是筹措所有资金所发生的加权平均资本成本。综合资本成本代表着整个企业各种资金组合的一般成本水平，它可以用来综合评价企业筹资的总效益，更主要用于资本结构决策。边际资本成本是指追加单位筹资额所付出的代价，主要用于选择各种不同的追加筹资方案。

（二）资本成本的作用

资本成本对于企业筹资及投资管理具有重要的意义。

1. 资本成本是比较筹资方式、选择追加筹资方案的依据

企业筹措长期资金有多种方式可供选择，它们的筹资费用与使用费用各不相同，通过资本成本的计算与比较，并按成本高低进行排列，从中选出成本较低的筹资方式。不仅如此，由于企业全部长期资本通常是采用多种方式筹资组合构成的，且组合有多个方案可供选择，因此，综合加权资本成本的高低将是比较各筹资组合方案、作出资本结构决策的依据。

2. 资本成本是评价投资项目，比较投资方案和进行投资决策的经济标准

一般而言，项目的投资收益只有大于其资本成本，才是经济合理的，否则投资项目不可行。它表明，资本成本是企业项目投资的“最低收益”，或者是判断项目可行性的“取舍标准”。

3. 资本成本还可以作为评价企业整个经营业绩的依据

从资本的投资者角度看，资本成本是投资者的收益，这种收益是对资本使用者所获利润的一种分割，如果资本使用者不能使企业的经营产生收益，不能满足投资者的收益需要，那么投资者将不会把资本再投资于企业，企业的生产经营活动就无法正常开展。因此，资本成本在一定程度上成为判断企业经营业绩的重要依据，只有在企业总资产报酬率大于资本成本率时，投资者的收益期望才能得到满足，才能表明企业经营有方，否则被认为是经营不利。

二、资本成本的计算

（一）个别资本成本的计算

个别资本成本是指各种筹资方式的成本，主要包括债务成本、股权资本成本。债务成本又可分为银行借款成本、债券成本。股权资本成本又可分为优先股成本、普通股成本和留存收益成本。

1. 债务成本

债务成本一般有银行借款资本成本和债券资本成本两种。根据企业所得税法的规定，企业债务的利息允许从税前利润中扣除，从而可以抵免企业所得税。因此，企业实际负担的债务资本成本应当考虑所得税因素，即：

$$K_d=R_d(1-T)$$

式中，K_d——债务资本成本率，也称税后债务资本成本率；

R_d——企业债务利息率，也称税前债务资本成本率；

T——企业所得税率。

（1）银行借款成本。银行借款成本由借款利息和借款手续费两部分组成。由于借款利息计入税前成本费用，可以起到抵税的作用，因此其成本的计算公式如下：

$$K_1=\frac{I(1-T)}{L(1-f)}$$

式中，K_1——银行借款成本率；

I——银行借款年利息额；

T——企业所得税率；

L——银行借款筹资额，即借款本金；

f——银行借款筹资费用率，即借款手续费率。

由于银行借款的手续费很低，上式中的 f 常常可以忽略不计，则上式可简化为：

$$K_1=\frac{I(1-T)}{L}=i(1-T)$$

式中，i——银行借款年利率。

【例 3-6】　某公司从银行取得长期贷款 200 万元，年利率为 8%，期限为 3 年，每年付息一次，到期一次还本。假定筹资费用率为1‰，企业所得税率25%，则其借款成本为：

$$K_1=\frac{200\times8\%\times(1-25\%)}{200\times(1-1‰)}\times100\%=6.01\%$$

如果不考虑筹资费用率，或者筹资费用利用率较小而忽略不计，则其成本计算可直接写成：

$$K_1=8\%\times(1-25\%)=6\%$$

（2）债券成本。债券成本中的利息在税前开支，具有减税效应。债券成本与银行借款成本的主要差别在于：一是债券的筹资费用较高，因此不能忽略不计，其筹资费用主要包括申请发行债券的手续费、债券注册费、印刷费、上市费等；二是债券的发行价格有等价、溢价、折价三种，债券利息按面额（即本金）和票面利率确定，但债券的筹资额应按具体发行价格计算，以便正确计算债券成本。债券成本的计算公式为：

$$K_b=\frac{I(1-T)}{B(1-f)}$$

式中，K_b——债券成本率；

I——债券年利息额；

T——企业所得税率；

B——债券筹资额，即发行价；

f——债券筹资费用率。

【例3-7】 某公司发行5年期债券，债券面值为1 000元，票面利率为8%，每年支付一次利息，发行费用率为2%，所得税率为25%，债券按面值等价发行。该债券的资本成本率为：

$$K_b=\frac{1\,000\times8\%\times(1-25\%)}{1\,000\times(1-2\%)}\times100\%=6.12\%$$

2. 股权资本成本

股权资本成本包括优先股成本、普通股成本和留存收益成本等。由于这类资本的使用费用（即股利等）均在税后支付，因此不存在节税功能。

（1）优先股成本。公司发行优先股需要支付发行费用，且优先股的股息通常是固定的，因此其计算公式为：

$$K_p=\frac{D}{P_o(1-f)}$$

式中，K_p——优先股成本率；

D——每年的股息；

P_o——筹资总额，按发行价计算；

f——筹资费用率。

【例 3-8】　某公司拟按面值发行某优先股，面值总额为 100 万元，固定股息率为 10%，筹资费用率预计为 5%。则该优先股的成本为：

$$K_p=\frac{100\times10\%}{100\times(1-5\%)}\times100\%=10.53\%$$

因为企业破产清算时，优先股的求偿权位于债券之后，所以，一般来说，优先股的股息率高于债券的利率。再加上债券的利息费用在税前开支，其利率扣除所得税后低于优先股股息率。所以，优先股成本高于债券成本。

(2)普通股成本。普通股成本的计算相对复杂，从理论上讲，股东的投资期望收益率即为公司普通股成本。在计算时，常常将此作为计算的依据，主要采用股利折现法和资本资产定价模型。

第一，股利折现法。它是一种将未来期望股利收益折为现值，以确定其成本率的方法。从投资者角度看，股票投资价值等于各年股利收益的现值，因此股票的收益现值必须大于现在购买时的股票成本，才有利可图。通过发行普通股筹集资本时，企业是否支付股利以及支付多少视企业的经营情况和股利政策而定，通常是逐年增长的。普通股成本的计算公式为：

$$K_c=\frac{D_1}{P_o(1-f)}+g$$

式中，K_c——普通股期望收益率，即普通股成本；

D_1——第一年的预计股利；

P_o——普通股现值，按发行价计算；

g——普通股股利的预计年增长率；

f——筹资费用率。

【例 3-9】　某公司拟发行面值为 1 元的普通股 500 万股，每股发行价为 3 元，筹资费用率为 4%，已知第一年每股股利为 0.25 元，以后每年股利增长 5%。则普通股的成本为：

$$K_c=\frac{500\times0.25}{500\times3\times(1-4\%)}+5\%=13.68\%$$

第二,资本资产定价模型。资本资产定价模型给出了普通股期望收益率 K_c 与它的市场风险 β 之间的关系:

$$K_c=R_f+\beta\cdot(R_m-R_f)$$

式中,K_c——普通股期望收益率,即普通股成本;

R_f——无风险利率;

R_m——市场投资组合的期望收益率;

β——某公司股票收益率相对于市场投资组合期望收益率的变动幅度,即公司股票的投资风险系数。

【例 3-10】 假定某公司普通股股票的 β 值为 1.5,无风险利率为 5%,市场投资组合的期望收益率为 12%,则按资本资产定价模型计算该公司的普通股成本为:

$$K_c=5\%+1.5\times(12\%-5\%)=15.5\%$$

(3)留存收益成本

留存收益是指企业的未分配利润。企业为了发展,一般都不会把全部收益以股利形式分配给股东。所以,留存收益是企业资金的一种重要来源。从成本的实际支付来看,留存收益并不像其他筹资方式那样直接从市场取得,而是将利润再投资,因此不产生筹资费用。但它却存在资本成本,这是因为,投资者如果将这部分收益用作购买股票、存入银行或进行其他方面的投资,也会获得投资收益,而投资者同意将这部分收益留在企业,是期望从中取得更高的投资回报。

所以,留存收益也要计算成本。留存收益成本的计算与普通股基本相同,只是没有筹资费用,其计算公式为:

$$K_e=\frac{D}{P_o}$$

式中,K_e——留存收益成本。

股息不断增长的企业其留存收益成本则为:

$$K_e=\frac{D}{P_o}+g$$

普通股与留存收益都属于所有者权益,股利的支付不固定。当企业破产清算时,在剩余财产的分配中普通股排在最后。与其他投资者相比,普通股股东所承担的风险最大,因此,普通股的报酬也应最高,其资本成本也最高。

(二)综合资本成本的计算

由于受多种因素的制约,企业不可能只使用某种单一的筹资方式,往往需要通过多种方式筹集所需资金。为进行筹资决策,就要计算确定企业全部长期资金的总成本——综合资本成本。综合资本成本一般是以各种资本占全部资本的比重为权数,对个别资本成本进行加权平均确定的,故又称为加权平均资本成本。

其计算公式为:

$$K_w = \sum_{j=1}^{n} K_j W_j$$

式中,K_w——综合资本成本,即加权平均资本成本;

K_j——第 j 种资本成本;

W_j——第 j 种资本占全部资本的比重(权数)。

【例 3-11】 某公司共筹集资金 5 000 万元,其中银行长期借款 1 000 万元,债券 500 万元,普通股 2 500 万元,留存收益 1 000 万元;其资本成本分别为 6.7%、9.17%、11.26%、11%。该企业的综合资本成本计算如下:

(1)计算各种资本所占比重:

$$W_1 = \frac{1\ 000}{5\ 000} = 20\%$$

$$W_b = \frac{500}{5\ 000} = 10\%$$

$$W_c = \frac{2\ 500}{5\ 000} = 50\%$$

$$W_e = \frac{1\ 000}{5\ 000} = 20\%$$

(2)计算综合资本成本:

$$K_w = 6.7\% \times 20\% + 9.17\% \times 10\% + 11.26\% \times 50\% + 11\% \times 20\% = 10.09\%$$

上述计算中的个别资本占全部资本的比重,是按账面价值确定的,其资料容易取得。但当资本的账面价值与市场价值差别较大时,如债券、股票的市场价格发生较大变动,计算结果会与实际有较大差距,从而贻误筹资决策。为了克服这一缺陷,个别资本占全部资本比重的确定还可以按市场价值或目标价值确定。

(三)边际资本成本的计算

综合资本成本是企业过去筹集的或目前正在使用的资本的成本,但是,随着时间的推移或筹资条件的变化,综合资本成本也不是一成不变的。一个企业进行投资,不能仅仅考虑目前所使用的资本成本,还要考虑为投资项目新筹集资金而需要的成本,这就要计算资本的边际成本。

边际资本成本是指企业每增加一个单位资本所需增加的成本。边际资本成本也是按加权平均法计算的,是追加筹资时所使用的加权平均资本成本。

计算边际资本成本有以下四个步骤:

第一步,确定目标资本结构。

第二步,测算各种筹资方式的资本成本。

第三步,计算筹资总额分界点(又称筹资突破点)。根据目标资本结构和各种资本成本率变动的分界点,计算公司筹资总额分界点。其计算公式为:

$$BP_j=\frac{TF_j}{W_j}$$

式中,BP_j——筹资总额分界点;

TF_j——第 j 种资本的成本分界点;

W_j——目标资本结构中第 j 种资本的比例。

第四步,计算边际资本成本。根据上一步骤计算出的分界点,可得出新的筹资范围。对新的筹资范围分别计算加权平均资本成本,即可得到各种筹资范围的边际资本成本。计算结果见表 3-8。

表 3-8 边际资本成本计算表

筹资总额范围(万元)	资金种类	资本结构比例	资本成本比例	边际资本成本比例
<300	长期借款 长期债券 普通股	15% 25% 60%	3% 10% 13%	3%×15%=0.45% 10%×25%=2.5% 13%×60%=7.8% 合计:10.75%

续　表

筹资总额范围(万元)	资金种类	资本结构比例	资本成本比例	边际资本成本比例
300～500	长期借款 长期债券 普通股	15% 25% 60%	5% 10% 13%	5%×15%＝0.75% 10%×25%＝2.5% 13%×60%＝7.8% 合计：11.05%
500～600	长期借款 长期债券 普通股	15% 25% 60%	5% 10% 14%	5%×15%＝0.75% 10%×25%＝2.5% 14%×60%＝8.4% 合计：11.65%
600～800	长期借款 长期债券 普通股	15% 25% 60%	7% 10% 14%	7%×15%＝1.05% 10%×25%＝2.5% 14%×60%＝8.4% 合计：11.95%
800～1 000	长期借款 长期债券 普通股	15% 25% 60%	7% 11% 14%	7%×15%＝1.05% 11%×25%＝2.75% 14%×60%＝8.4% 合计：12.2%
1 000～1 600	长期借款 长期债券 普通股	15% 25% 60%	7% 11% 15%	7%×15%＝1.05% 11%×25%＝2.75% 15%×60%＝9% 合计：12.8%
>1 600	长期借款 长期债券 普通股	15% 25% 60%	7% 12% 15%	7%×15%＝1.05% 12%×25%＝3% 15%×60%＝9% 合计：13.05%

第五节　杠杆原理

杠杆原理是物理学的概念,财务管理中借用杠杆原理来描述一个量的变动会引起另一个量的更大变化。财务管理中的杠杆效应有三种形式,即经营杠杆、财务杠杆和复合杠杆。要了解杠杆原理,首先需要了解成本习性。

一、成本习性

成本习性是指成本总额与业务量之间的依存关系①。按照成本习性对成本进行分类,对正确进行财务决策有十分重要的意义。成本按习性分类,可以分为固定成本、变动成本和混合成本。

(一)固定成本

固定成本是指其成本总额在一定时期内和一定业务量范围内不受业务量增减变动影响而固定不变的成本。常见的固定成本有:固定资产折旧费、财产保险费、管理人员工资和广告费等。

固定成本的主要特点是:固定成本总额在相关范围内不受业务量变动的影响而保持不变,单位固定成本随着业务量变动而发生反方向变动。

固定成本可进一步分为约束性固定成本和酌量性固定成本。

1. 约束性固定成本

约束性固定成本,又称为经营能力成本,是企业根据生产能力确定的一定期间的固定成本总额,它一般不受管理当局短期决策的影响。企业的经营能力一旦形成,短期内一般不能轻易改变,由此确定的固定成本具有很大的约束性,在管理中往往不能采取降低这部分成本总额的措施,因为降低这类固定成本总额等于降低生产能力,所以对这类固定成本只能通过充分利用生产能力,提供产品的产量,降低其单位固定成本。

例如:厂房、机器设备的折旧费、不动产税、财产保险费和管理人员工资等都属于约束性固定成本。

---

① 李海波, 刘学华. 论成本性态分析中的混合成本分解方法[J]. 立信会计高等专科学校学报, 2001(5): 26-28.

2. 酌量性固定成本

酌量性固定成本,又称可调整固定成本,是指受管理当局短期决策行为影响,可以在不同时期改变其数额的那部分固定成本。这类成本是企业管理者根据经营方针确定的固定成本预算额,在编制预算额时可根据实际需要和财务负担能力对其进行调整。

对这类固定成本在不影响生产经营的前提下,可以尽量减少它们的预算总额。例如:广告费、职工培训费、新产品开发费和经营性租赁费等都属于酌量性固定成本。

(二)变动成本

变动成本是指在一定时期、一定业务量范围内,随着业务量的变动,其成本总额呈正比例变动的有关成本,如直接材料和直接人工等成本。

变动成本的主要特点是:变动成本总额随产量变动呈正比例变动,单位变动成本不受产量变动影响而固定不变。

固定成本总额和单位变动成本的不变性不是绝对的,而是在相关范围内(即"一定的业务量范围"和"一定时间"内)保持其特点。相关范围是指改变固定成本、变动成本性质的有关期间和业务量的特定范围。在相关范围内,固定成本总额不变,保持相对稳定,单位固定成本呈反比例变动;变动成本总额呈正比例变动,单位变动成本不变,保持相对稳定。超过了相关范围,固定成本和变动成本的特性就不存在了。因为,从较长时期来看,所有的成本都在变化,没有绝对不变的固定成本。

(三)混合成本

混合成本是指随业务量的变动而变动,但又不呈正比例变动的那部分成本,如设备维修费、机械动力费、检验人员工资和行政管理费等。

混合成本按其与业务量的关系又可分为半固定成本和半变动成本。

1. 半固定成本

半固定成本是指在一定业务量范围内,其发生额是固定的,当业务量增长到一定程度时,其发生额跳跃式增加,并在新的业务量范围内保持不变,如设备修理费和检验人员的工资等。

2. 半变动成本

半变动成本是指在没有业务量的情况下仍存在一定的初始量,当有业务量发生时,其发生额随着业务量呈正比例变化,如水电费和电话费等费用。

(四)边际贡献和息税前利润

1. 边际贡献

边际贡献是指销售收入减去变动成本以后的差额。边际贡献的大小将直接影响企业利润水平的高低,因此,它是一个非常有用的价值指标。其计算公式为:

$$M=px-bx=x\cdot(p-b)=mx$$

式中,M——边际贡献;

p——销售单价;

b——单位变动成本;

x——产销量;

m——单位边际贡献。

2. 息税前利润

息税前利润是指企业支付利息和缴纳所得税之前的利润。成本按习性分类后,息税前利润可按下列公式计算:

$$\text{EBIT}=px-bx-a=x\cdot(p-b)-a=M-a$$

式中,EBIT——息税前利润;

a——固定成本。

注意:上式的固定成本和变动成本不应包括利息费用因素。另外,息税前利润也可以用利润总额加上利息费用求得。

二、经营杠杆

(一)经营杠杆的概念

经营杠杆是指由于固定成本的存在,息税前利润的变动率大于销售量变动率的现象。在其他条件不变的情况下,产销量的增加虽然不会改变固定成本总额,但会降低单位产品分摊的固定成本,从而提高单位产品利润,使息税前利润的增长率大于产销量的增长率;反之,产销量的减少会提高单位产品分摊的固定成本,降低单位产品利润，使息税前利润下降率大于产销量下降率。

例如，某企业的产品销售单价为 10 元，单位变动成本为 6 元。固定成本总额为 10 万元，当销售量分别为 5 万、6 万、7 万、8 万件时，息税前利润应是 10 万元、14 万元、18 万元、22 万元。可见，在一定销售规模内，在固定成本保持不变的条件下，随着销售量增长，息税前利润以更快的速度增长。

（二）经营杠杆的计量

只要企业存在固定成本，就存在经营杠杆的作用。经营杠杆的大小一般用经营杠杆系数表示。所谓经营杠杆系数，是指息税前利润变动率相当于产销量变动率的倍数。其计算公式为：

$$\mathrm{DOL}=\frac{\Delta \mathrm{EBIT}/\mathrm{EBIT}}{\Delta Q/Q}$$

式中，DOL——经营杠杆系数；

ΔEBIT——息税前利润变动额；

EBIT——变动前息税前利润；

ΔQ——销售量变动额；

Q——变动前销售量。

假定企业的成本—销量—利润保持线性关系，可变成本在销售收入中所占的比例不变，固定成本也保持稳定，经营杠杆系数便可通过销售额和成本来表示。其计算公式为：

$$\mathrm{DOL}=\frac{S-VC}{S-VC-F}$$

式中，S——销售额；

VC——变动成本总额；

F——固定成本总额。

【例 3-13】 某公司有关资料见表 3-9，试计算该公司 2013 年的经营杠杆系数。

表 3-9 公司经营指标数据表单位： 万元

项目	2012 年	2013 年	变动额	变动率(%)
销售额	2 000	2 400	400	20
变动成本	1 000	1 200	200	20

续　表

项目	2012 年	2013 年	变动额	变动率(%)
边际贡献	1 000	1 200	200	20
固定成本	600	600	0	0
息税前利润	400	600	200	50

根据经营杠杆系数的公式,计算可得:

$$DOL=\frac{200/400}{400/2\ 000}=\frac{50\%}{20\%}=2.5$$

【例 3-14】 某企业生产 A 产品,固定成本为 60 万元,变动成本率为 40%,当企业的销售额分别为 400 万元、200 万元、100 万元时,经营杠杆系数分别为:

$$DOL_1=\frac{400-400\times40\%}{400-400\times40\%-60}=1.33$$

$$DOL_2=\frac{200-200\times40\%}{200-200\times40\%-60}=2$$

$$DOL_3=\frac{100-100\times40\%}{100-100\times40\%-60}\to\infty$$

以上计算结果说明,在固定成本不变的情况下,经营杠杆系数说明了销售额增长(减少)所引起利润增长(减少)的幅度。比如,DOL_1 说明在销售额 400 万元时,销售额的增长(减少)会引起利润 1.33 倍的增长(减少);DOL_2 说明在销售额 200 万元时,销售额的增长(减少)会引起利润 2 倍的增长(减少)。

(三)经营杠杆与经营风险

经营风险是指企业因经营上的原因而导致利润变动的风险。影响经营风险的主要因素有:固定成本比重、产品需求的变动、产品销售价格的变动和产品单位变动成本的变化等①。

企业经营风险产生的重要原因是市场需求和成本等因素的不确定性,经营杠杆本身并不是利润不稳定的根源。但是,产销量增加时,息税前利润将以 DOL 倍数的幅度增加;产销量减少时,息税前利润又将以 DOL 倍数的幅度减少。可见,经营杠杆扩大了市场和生产等不确定因素对利润的影响。而且,经营杠杆系数越大,

① 陈春雨. 大型国有煤炭企业财务风险的控制与管理[J]. 辽宁经济, 2007(9):83-83.

利润变动越激烈，企业的经营风险就越高。因此，经营风险的高低和经营杠杆有密切的联系。

由经营杠杆的计算公式可知：

$$\mathrm{DOL}=\frac{M}{\mathrm{EBIT}}$$

$$\because\ \mathrm{EBIT}=M-a$$

$$\therefore\ \mathrm{DOL}=\frac{M}{M-a}$$

上式表明经营杠杆系数将随着固定成本的变化成同方向变化，即在其他因素不变的前提下，固定成本越高，经营杠杆系数越大，企业的经营风险也就越高。

三、财务杠杆

（一）财务杠杆的概念

财务杠杆是指企业在债务筹资和优先股筹资下，每股利润变动率大于息税前利润变动率的现象。不论企业营业利润多少，债务的利息和优先股的股利通常都是固定不变的。当息税前利润增大时，每一元盈余所负担的固定财务费用就会相对减少，这会给普通股股东带来额外的收益；反之，当息税前利润降低时，每一元盈余所负担的固定财务费用就会相对增加，这就会大幅度减少普通股盈余。

例如，某企业的普通股为 100 万股，其债务利息在一定资本总额内固定为 10 万元，所得税率为 25%，当息税前利润分别为 100 万元，150 万元（增长 50%），200 万元（增长 100%）时，税后利润分别为 67.5 万元、105 万元、142.5 万元，其每股盈余分别为 0.675 元、1.05 元（增长 55.55%）、1.425 元（增长 111.11%）。可见，在债务利息保持不变的条件下，随着息税前利润的增长，普通股每股盈余以更快的速度增加。

（二）财务杠杆的计量

只要企业存在固定的债务利息及优先股股利，就会存在财务杠杆效应。财务杠杆效应的大小通常用财务杠杆系数表示。所谓财务杠杆系数，是指普通股每股股利的变动率相当于息税前利润变动率的倍数。其计算公式为：

$$\mathrm{DFL}=\frac{\Delta\mathrm{EPS}/\mathrm{EPS}}{\Delta\mathrm{EBIT}/\mathrm{EBIT}}$$

式中，DFL——财务杠杆系/数；

ΔEPS——普通股每股收益变动额；

EPS——变动前每股收益。

由于

$$EPS=\frac{(EBIT-I)(1-T)}{N};$$

$$\Delta EPS=\frac{\Delta EBIT(1-T)}{N}$$

因此，公式可进一步推导为：

$$DFL=\frac{EBIT}{EBIT-I}$$

式中，I——债务筹资的利息，在负债筹资额不变的情况下，利息保持不变；

$(EBIT-I)$——扣除利息的税前利润额。

财务杠杆系数的含义是，在资产总额及负债筹资额保持不变的前提下，净资产收益率或每股收益额将以息税前利润增长率的倍数增长。即：

净资产收益率的增长率=财务杠杆系数×息税前利润增长率

【例 3-15】 甲、乙为两家经营业务相同的公司，它们的有关资料如表 3-10 所示。

表 3-10　甲、乙公司资本结构及每股收益表　　单位：万元

项目	甲公司	乙公司
普通股股本（面值 100 元）	2 000	1 600
发行在外股数（万股）	20	16
长期负债（年利率 9%）	0	400
资金总额	2 000	2 000
息税前利润	100	100
债务利息	0	36
利润总额	100	64
所得税（税率 25%）	25	16
净利润	75	48
每股收益	3. 75	3
息税前利润增长率（%）	20	20

续　表

项目	甲公司	乙公司
增长后的息税前利润	120	120
债务利息	0	36
利润总额	120	84
所得税(税率25%)	30	21
净利润	90	63
每股收益	4.5	3.937 5
每股收益增加额	0.75	0.937 5
每股收益增长率(%)	20	31.25

根据上述资料,可分别计算甲、乙公司的财务杠杆系数:

$$DFL_{甲}=\frac{20\%}{20\%}=1$$

或
$$DFL_{甲}=\frac{100}{100-0}=1$$

$$DFL_{乙}=\frac{31.25\%}{20\%}=1.56$$

或
$$DFL_{乙}=\frac{100}{100-36}=1.56$$

上述计算公式表明,甲公司的息税前利润增长1倍时,其每股收益也增长1倍;乙公司的息税前利润增长1倍时,其每股收益增长1.56倍。这说明在利润增加时,乙公司每股收益的增长幅度大于甲公司的增长幅度;当然,当利润减少时,乙公司每股收益减少得也更快。

(三)财务杠杆与财务风险

财务风险是指由于负债比率的变动给企业财务成果及偿债能力带来的风险。企业为取得财务杠杆利益,就要增加负债,一旦企业息税前利润下降,不足以补偿固定利息支出,企业的每股收益就会大幅度下降。在企业资本结构中,长期负债的比例越大,则企业的财务风险也就越高;反之,长期负债的比例越小,财务风险也就越低。

在股份公司中,由于长期负债的增加而升高的财务风险则由普通股承担。企业所有者欲获取财务杠杆利益,同时也要承担由此引起的财务风险。因此,必须在财务杠杆利益和财务风险之间进行权衡。

四、复合杠杆

(一)复合杠杆的概念

如前所述,由于存在固定成本,产生经营杠杆效应,使息税前利润的变动率大于产销量的变动率;同样,由于存在固定财务费用,产生财务杠杆效应,使企业每股收益的变动率大于息税前利润的变动率。如果两者杠杆共同起作用,那么销售稍有变动就会使每股收益产生更大的变动。这种由于固定成本和固定财务费用的共同存在而导致的每股收益变动率大于产销量变动率的杠杆效应,称为复合杠杆。

(二)复合杠杆的计量

只要企业同时存在固定成本和固定的财务费用,就会存在复合杠杆的作用。复合杠杆作用的程度通常用复合杠杆系数表示。所谓复合杠杆系数,是指每股收益变动率相当于产销量变动率的倍数。其计算公式为:

$$\mathrm{DTL}=\mathrm{DOL}\cdot\mathrm{DFL}=\frac{\Delta\mathrm{EBIT}/\mathrm{EBIT}}{\Delta Q/Q}\cdot\frac{\mathrm{AEPS}/\mathrm{EPS}}{\Delta\mathrm{EBIT}/\mathrm{EBIT}}=\frac{\Delta\mathrm{EPS}/\mathrm{EPS}}{\Delta Q/Q}$$

或

$$\mathrm{DTL}=\frac{S-VC}{S-VC-F-I}$$

式中,DTL——复合杠杆系数。

【例 3-16】 已知某企业产销 A 产品 40 万件,单价 100 元,单位变动成本 60 元,固定成本总额为 600 万元,企业负债总额 2 000 万元,债务年利率为 10%。试计算该企业的经营杠杆系数、财务杠杆系数和复合杠杆系数。

$$\mathrm{DOL}=\frac{(100-60)\times 40}{(100-60)\times 40-600}=\frac{1\ 600}{1\ 000}=1.6$$

$$\mathrm{DFL}=\frac{1\ 000}{1\ 000-2\ 000\times 10\%}=\frac{1\ 000}{800}=1.25$$

$$\mathrm{DFL}=1.6\times 1.25=2$$

复合杠杆系数的意义,首先,在于能够估计出产销量变动对每股收益的影响。比如,上例中的销售每增长(减少)1 倍,就会造成每股收益增长(减少)2 倍。其次,它使我们看到了经营杠杆与财务杠杆之间的相互关系,即为了达到某一复合杠杆系数,经营杠杆和财务杠杆可以有很多不同的组合。

比如,经营杠杆系数较高的公司可以在较低程度上利用财务杠杆;经营杠杆系数较低的公司可以在较高程度上利用财务杠杆。这有待公司在考虑了各有关的具体因素之后作出选择。

(三)复合杠杆与复合风险

复合杠杆作用使每股收益大幅度波动而造成的风险称为复合风险。在其他因素不变的情况下,复合杠杆系数越大,复合风险就越高;复合杠杆系数越小,复合风险就越低。

第六节　资本结构

一、资本结构概述

(一)资本结构的概念

资本结构是指企业各种长期资本筹集来源的构成和比例关系。它有广义与狭义之分。广义的资本结构是指全部资金的来源构成,不但包括长期资本,还包括短期负债,它又称为财务结构。狭义的资本结构是指长期资本(长期债务资本与股权资本)的构成及其比例关系,而将短期债务资本列入营运资本进行管理。本书采用狭义的概念。

企业资本结构是由企业采用各种筹资方式筹集资金而形成的。各种筹资方式不同的组合类型决定着企业资本结构及其变化。企业筹资方式虽然很多,但总的来看分为长期债务资本和股权资本两类,因此,资本结构问题总的来说是债务资本的比率问题,即负债在企业全部资本中所占的比重。

(二)资本结构中负债的意义

1. 负债可以降低企业的资本成本

负债所筹集的资金要定期支付利息并按时归还本金,对债权人来说风险较低,因而利率较低。加上负债利息可以从税前开支,所以负债筹资的资本成本较低。增加负债资本,就可降低企业的综合资本成本;减少负债资本,就可增加企业的综合资本成本。

2. 负债筹资具有财务杠杆的作用

不论企业利润是多少，负债的利息一般是固定不变的。当息税前利润增加时，每一元盈余所负担的固定利息费用就会相应地减少，每股收益就会相应地增加。这就是前一节论述的财务杠杆。因此，在企业息税前利润较多，增长较快时，可充分地利用负债资本，增加企业的所有者权益，实现企业的财务管理目标。

3. 负债资本会加大企业的财务风险

财务杠杆在企业经营情况好时，可为企业带来效益；当经营情况不佳时，财务杠杆会使普通股收益大大降低，甚至造成企业破产。企业增加负债时，增加了固定的利息费用。同时，由于财务杠杆的作用，当息税前利润下降时，每股收益下降会更快。

（三）最佳资本结构

最佳资本结构是指企业在一定期间内，使综合资本成本最低、企业价值最大时的资本结构。其判断标准有以下三个：

①有利于最大限度地增加所有者财富，能使企业价值最大化；

②企业综合资本成本最低；

③资产保持适宜的流动，并使资本结构具有弹性。

其中，综合资本成本最低是其主要标准。

从资本成本及筹资风险的分析可看出，负债筹资具有节税、降低资本成本、使净资产收益率不断提高等杠杆作用和功能，因此，对外负债是企业采用的主要筹资方式。但是，随着负债筹资比例的不断扩大，负债利率趋于上升，破产风险加大。因此，如何找出最佳的负债点（即最佳资本结构），使得负债筹资的优点得以充分发挥，同时又避免其不足，是筹资管理的关键。财务管理上将最佳负债点的选择称之为资本结构决策。

（四）影响资本结构的因素

资本结构除受资本成本、财务风险等因素的影响外，还要受到企业因素、环境因素等其他因素的影响。

1. 企业因素

企业因素主要是指企业内部影响资本结构的经济变量，主要包括以下三个方面。

(1)企业所有者和管理者的态度。企业所有者和管理者的态度对资本结构有着重要影响,因为企业资本结构的决策最终是由他们做出的。

一个企业的股票如果被众多投资者所持有,谁也没有绝对的控制权,这个企业可能会更多地采用发行股票的方式来筹集资金,因为企业所有者并不担心控制权的旁落;反之,有的企业被少数股东所控制,股东们很重视控制权问题,企业为了保证少数股东的绝对控制权,一般尽量避免普通股筹资,而是采用优先股或负债方式筹集资金。

管理人员对待风险的态度,也是影响资本结构的重要因素。喜欢冒险的财务管理人员,可能会安排比较高的负债比例;反之,一些持稳健态度的财务管理人员则使用较少的债务。

(2)企业获利能力。息税前利润是还本付息的根本来源。息税前利润大,即总资产报酬率大于负债利率,则利用财务杠杆能取得较高的净资产收益率;反之则相反。可见,获利能力是衡量企业负债能力强弱的基本依据。

(3)企业经济增长。业绩增长快的企业,总是期望通过扩大筹资来满足其资本需要,而在股权资本一定的情况下,扩大筹资即意味着对外负债。从这里也可看出,负债筹资及负债经营是促进企业经济增长的主要方式之一。

2. 环境因素

环境因素主要是指制约企业资本结构的外部经济变量,主要包括以下四个方面。

(1)银行等金融机构的态度。虽然企业都是希望通过负债筹资来取得净资产收益率的提高,但银行等金融机构的态度在企业负债筹资中起到决定性的作用。在这里,银行等金融机构的态度就是商业银行的经营规划,即考虑贷款的安全性、流动性与收益性。

(2)信用评估机构的意见。信用评估机构的意见对企业的对外筹资能力起着举足轻重的作用。因为,如果企业债务太多,信用评估机构就可能会降低企业的信用等级,这样会影响企业的筹资能力,提高企业的资本成本。

(3)税收因素。企业利用负债可以获得减税利益,因此,企业所得税税率越高,负债的好处越多;反之,如果税率越低,则采用举债方式的减税作用就不十分明显。由此可见,税收实际上对企业资本结构具有某种导向作用。

(4)行业差别。不同行业及同一行业的不同企业,资本结构有很大差别。在资本结构决策中,财务经理必须考虑本企业所处行业资本结构的一般水准,作为确定本企业资本结构的参照,分析本企业与同行业其他企业的差别,以便确定最佳的资本结构。

二、最佳资本结构决策

资本结构的决策方法基本上包括两种:一是比较资本成本法;另一种是每股收益分析法。

1. 比较资本成本法

比较资本成本法是指通过计算不同资本结构的综合资本成本,并以其中综合资本成本最低的资本结构为最佳资本结构的一种方法。它以资本成本高低作为在确定最佳资本结构的唯一标准,在理论上与企业价值最大化相一致。

其决策过程包括三个步骤:

①确定各方案的资本结构;

②计算不同方案的综合资本成本;

③进行比较,选择综合资本成本最低的结构为最佳资本结构。

【例 3-17】 某公司拟增资 400 万元,以扩大生产经营规模,现有三个方案可供选择,其资本结构分别是:甲方案,长期借款 50 万元、债券 150 万元、普通股 200 万元;乙方案,长期借款 70 万元,债券 170 万元、普通股 160 万元;丙方案,长期借款 100 万元、债券 200 万元、普通股 100 万元。

长期借款、债券和普通股相对应的个别资本成本分别为:8%、10%和 15%。试分析应选择何种方案。

计算各方案的综合资本成本:

$$\text{甲方案}=\frac{50}{400}\times8\%+\frac{150}{400}\times10\%+\frac{200}{400}\times15\%=12.25\%$$

$$\text{乙方案}=\frac{70}{400}\times8\%+\frac{170}{400}\times10\%+\frac{160}{400}\times15\%=11.65\%$$

$$\text{丙方案}=\frac{100}{400}\times8\%+\frac{200}{400}\times10\%+\frac{100}{400}\times15\%=10.75\%$$

根据计算结果,丙方案的综合资本成本最低,因此,选择长期借款 100 万元、债券 200 万元、普通股 100 万元的资本结构最为可行。

比较资本成本法通俗易懂，计算过程也不复杂，是确定最佳资本结构的常用方法。但所拟订的方案数量通常有限，存在把最优方案漏掉的可能。

2. 每股收益分析法

在确定企业合理的资本结构时，应当注意其对企业的盈利能力和股东财富的影响，因此应将息税前利润和每股收益作为分析确定企业资本结构的两大因素。每股收益分析法就是将息税前利润和每股收益结合起来，分析资本结构与每股收益之间的关系，进而确定最佳资本结构的方法。

每股收益分析法是利用每股收益无差别点来进行资本结构决策的方法。所谓每股收益无差别点是指两种或两种以上筹资方案下普通股每股收益相等时的息税前利润点，也称息税前利润平衡点或筹资无差别点。每股收益无差别点的计算公式为：

$$\frac{(\mathrm{EBIT}-I_1)(1-T)-D_1}{N_1}=\frac{(\mathrm{EBIT}-I_2)(1-T)-D_2}{N_2}$$

式中，EBIT——两种筹资方案的每股收益无差别点处的息税前利润；

I_1、I_2——两种筹资方案的年利息；

D_1、D_2——两种筹资方案的优先股股利；

N_1、N_2——两种筹资方案发行在外的普通股股数；

T——所得税税率。

每股收益无差别点的息税前利润计算出来以后，可与预期的息税前利润进行比较，据以选择筹资方式。当预期的息税前利润大于无差别点息税前利润时，应采用负债筹资方式；当预期的息税前利润小于无差别点息税前利润时，应采用普通股筹资方式。

【例 3-18】 某公司目前有资金 750 万元。因生产需要准备再筹资 250 万元资金。可发行股票来筹资，也可以发行债券来筹资。若发行股票，每股发行价格 25 元，可发行 10 万股股票；若发行债券筹资，债券的利息为 8%。

原资本结构与筹资后的资本结构如表 3-11 所示。假定增资后预期息税前利润为 200 万元，所得税税率为 25%。试采用每股收益分析法计算分析应选择何种筹资方式？

表 3-11　资本结构变动表　　单位:万元

筹资方式	原资本结构	筹资后资本结构	
		增发普通股(A)	增发债券(B)
企业债券(8%)	100	100	350
普通股(面值 10 元)	200	300	200
资本公积	250	400	250
留存收益	200	200	200
资本总额合计	750	1 000	1 000
普通股股数	20	30	20

(1)计算每股收益无差别点。根据资料计算为:

$$\frac{(EBIT-100\times 8\%)(1-25\%)}{30}=\frac{(EBIT-350\times 8\%)(1-25\%)}{20}$$

求得:EBIT=68 万元。将该结果代入上式得出无差别点的每股收益为:

$$EPS=\frac{(68-100\times 8\%)(1-25\%)}{30}=1.5\text{(元)}$$

由此表明,当息税前利润等于 68 万元时,采用发行股票与发行债券筹资都是一样的;当息税前利润大于 68 万元时,采用发行债券筹资更有利;当息税前利润小于 68 万元时,采用发行股票筹资更有利。

当 EBIT=68 万元时,采用发行股票与发行债券筹资的 EPS 相等;当 EBIT>68 万元时,采用发行债券筹资方式的 EPS 大于普通股筹资方式的 EPS,故应采用发行债券筹资方式;当 EBIT<68 万元时,采用发行股票筹资的 EPS 大于债券筹资方式的 EPS,故应采用发行普通股筹资方式。

(2)计算预计增资后的每股收益,如表 3-12 所示,并选择最佳筹资方式。

表 3-12　预计增资后的每股收益　　单位:万元

项 目	增发股票	增发债券
预计息税前利润	200	200
减:利息	8	28
税前利润	192	172
减:所得税(25%)	48	43

续　表

项　目	增发股票	增发债券
税后利润	144	129
普通股数	30	20
每股利润	4.8	6.45

第四章　企业投资管理

第一节　企业投资管理概述

一、投资的作用

投资是指企业投入财力，以期望在未来获取收益的一种行为。投资是企业财务活动的重要环节，企业通过投资活动选择所需的生产要素，并将其有效地进行整合，致力于创造出更大的价值，因此，投资可以说是企业价值的源泉，其作用表现在以下几个方面。

1. 投资是企业生存和发展的直接动力

一个企业从产生到维系其简单再生产是一个企业生存的基本前提，而投资为企业的生存提供了物质保证，使企业设备得以更新，产品与工艺得以改进，职工的文化科技水平、管理水平得以提高。同时，投资也是企业发展的必要前提。企业为增强在市场上的竞争能力，必须扩大生产经营规模。没有投资的增加，企业则无从扩张，因此，投资直接推动了企业的成长与发展。

2. 投资是降低企业风险的重要方法

企业把资金投向生产经营中的关键、薄弱的环节，可以使企业各种生产经营能力配套、平衡，提高企业的综合能力。企业若将资金投入主业以外的行业或产品，可以调整企业的产品结构，形成多样化经营，增强企业销售和盈余的稳定性，降低企业生产经营的风险。

3. 投资是实现财务管理目标的基本前提

企业财务管理的目标是使企业价值最大化。为此，企业必须采取各种措施增加利润，降低风险，而这一切必须依赖一定数量的资金。企业通过投资形成各种资产，并有效地组织生产经营，才能实现利润。

二、投资的分类

按照不同的标准,投资可以做如下分类。

1. 按投资与企业生产经营的关系不同,可分为直接投资和间接投资

直接投资是指把资金投入生产经营,以便获取利润的投资,也称为项目投资,如购置设备、兴建工厂等。间接投资又称证券投资,是指把资金投放于证券等金融资产,以便取得股利或利息收入的投资,包括企业对政府债券(国库券、建设债券)、企业债券、股票、金融债券及票据等方面的投资。

2. 按投资期限不同,可分为短期投资和长期投资

短期投资是指投资期限在一年以内的投资,主要包括应收账款、存货、短期有价证券等的投资。短期投资又称流动资产投资或营运资金投资。短期投资是企业为保证日常生产经营活动的正常运行而进行的投资,具有时间短、变现力强、波动性大等特点。

长期投资是指投资期限在一年以上的投资,主要包括企业对厂房、设备等固定资产的投资,也包括了企业对长期有价证券(长期持有的股票、债券等)和无形资产的投资。

3. 按投资范围不同,可分为对内投资和对外投资

对内投资又称内部投资,是指把资金投在企业内部,购置各种生产经营用的资产的投资,包括直接形成或提高企业生产经营能力的固定资产和流动资产投资,属于直接投资范畴。

对外投资是指企业将其资产投放于企业外部的投资活动。企业既可以以现金、实物、无形资产等形式对其他企业进行直接投资,也可以以购买股票、债券等有价证券方式向其他单位进行间接投资。在直接对外投资中,企业根据出资比例或合同规定,在接受投资的单位中享有相应的权利并承担相应的义务。在对外间接投资中,企业通过有价证券等投资获得收益,并承担证券波动带来的风险。

4. 按投资的风险程度不同,可分为确定性投资和风险性投资

确定性投资是指投资风险低,对未来收益可以进行相当准确的预测的投资,如企业的设备更新改造等,企业进行这类投资决策时,因风险低而暂时不考虑风险对投资项目的影响。

风险性投资是指投资风险高,未来收益难以准确预测的投资,如开发新产品等。这类投资决策一定要充分估计到风险对投资项目的影响,采用科学的分析方法,作出正确的投资决策。

第二节　项目投资管理

一、项目投资的概念与特点

1. 项目投资的概念

项目投资是以特定项目为投资对象,直接与新建项目或更新改造项目有关的长期投资行为。

2. 项目投资的特点

①投资数额大。项目投资所形成的资产往往是固定资产,对企业未来的现金流量和财务状况具有重大影响,一般需要较大数额的资金投入。

②影响时间长。项目投资后往往需要数年,甚至数十年才能收回投资,对企业未来的经济效益影响时间长。

③变现能力差。项目投资的对象往往是长期资产,其变现能力较差。

④投资风险高。由于项目投资数额大,对企业影响时间长,变现能力差,所以,一旦投资失误,会给企业造成巨大的损失。

二、项目投资的程序

1. 投资项目的提出

投资项目一般是企业的高级管理层根据企业的中长期发展规划和投资环境,在适时把握投资机会的前提下提出的。

2. 投资项目的评价

企业在对投资项目所处的环境、市场、技术和生产可行性分析评价的基础上,拟定达到目标的各种可能的备选方案。在为每个备选方案搜集相关、充分的资料时,有关预期成本和预期收入的数据要尽量全面、可靠,再运用科学的理论和方法,计算项目评估指标,并进行分析比较,提交项目可行性分析报告。

3. 投资项目的决策

在项目可行性分析的基础上,对可供选择的多个投资方案进行分析比较,由决策者作出决策,接受或拒绝投资或重新调研。投资决策的重要依据是投资决策指标,但它并不是投资决策的全部依据。由于选择实质上是对未来状况的判断,因此,它在很大程度上取决于决策者自身的经验和判断能力,有赖于决策者的“企业家素质”。对于投资额特别巨大的,需要由董事会或股东大会表决。

4. 投资项目的执行

对于决定投资的项目,要积极筹措投资项目所需资金,严密实施项目执行过程的控制,保证项目按预算规定完成。

5. 投资项目的再评价

投资项目再评价,即在执行过程中,如果情况发生重大变化,应具体问题具体分析,作出新的评价,调整投资行为,以避免损失。

三、现金流量

1. 现金流量的含义及作用

现金流量是指一个项目引起的企业现金支出和现金收入增加的数量。这里的“现金”是广义的现金,它不仅包括各种货币资金,还包括项目需要投入的企业现有的非货币资源的变现价值。财务管理以现金流量作为项目投资的重要价值信息,主要是因为:

第一,现金流量信息所揭示的未来期间现实货币资金收支运动,可以按时序动态反映项目投资的流向与回收之间的投入产出关系,使决策者处于投资主体的立场上,便于更完整、准确、全面地评价具体投资项目的经济效益。

第二,利用现金流量指标代替利润指标作为反映项目效益的信息,可以摆脱在贯彻财务会计的权责发生制时必然面临的困境,即由于不同的投资项目可能采取不同的固定资产折旧方法、存货估价方法或费用摊配方法,从而导致不同方案的利润信息相关性差、透明度不高和可比性差。

第三,利用现金流量信息,排除了非现金收付内部周转的资本运动形式,从而简化了有关投资决策评价指标的计算过程。

第四,由于现金流量信息与项目计算期的各个时点密切结合,有助于在计算投资决策评价指标时,应用资金时间价值的形式进行动态投资效果的综合评价。

2. 现金流量的内容

现金流量可以分为现金流出量、现金流入量和现金净流量。

(1)现金流出量。现金流出量是指该投资项目引起的企业现金支出的增加额。例如,企业购置一条生产线,一般会引起以下几项现金流出量:

①购置生产线的价款。该笔价款可能是一次性支出,也可能是分几次支出。

②生产线的维护、修理等费用。生产线在整个使用期限内,为了保持生产能力发生各种维护、修理费用。这些费用应该作为购置生产线的现金流出量。

③垫支流动资金。由于购置该生产线扩大了企业的生产能力,引起对流动资产需求的增加。企业需要追加的流动资金,也是购置该生产线引起的,应该作为购置生产线的现金流出量。

(2)现金流入量。现金流入量是指该投资项目引起的企业现金收入的增加额。例如,企业购置一条生产线,通常会引起下列现金流入量:

①营业现金流入。购置生产线扩大企业的生产能力,使企业销售收入增加,扣除有关的付现成本增量后的余额,就是该生产线引起的一项现金流入。其计算公式为:

营业现金流入=营业收入-付现成本

付现成本是相对于非付现成本而言的,指的是每年需要支付现金的成本。不需要每年支付现金的成本称为非付现成本,主要是折旧费用。故可以用下列公式计算付现成本。

付现成本=成本-折旧

企业每年增加的营业现金流入主要来自两个方面:取得的利润和折旧。

因此,营业现金流入=营业收入-付现成本

=营业收入-(成本-折旧)

=利润+折旧

②残值收入。生产设备中途出售或到期报废时的预计残值收入是由购置固定资产引起的现金流入量。

③收回的流动资金。该生产线寿命期终了,出售或报废时,企业可以相应减少流动资金垫支,收回的资金可以用于别处。因此,应将其作为该投资项目的一项现金流入量。

(3)净现金流量。净现金流量是指一定期间现金流入量与现金流出量的差额。这里的"一定期间",根据投资项目的决策需要而定,有时是指一年间,有时是指投资项目持续的整个有效年限内。一定期间的现金流入量大于现金流出量时,净现金流量为正值;反之,净现金流量为负值。

(4)估算现金流量应注意的问题

在估计项目投资引起的现金净流量时,要注意区分相关成本和非相关成本。所谓相关成本是指与固定资产投资决策有关,在分析评价其财务可行性时必须考虑的成本。如差额成本、机会成本、未来成本、重置成本等都是相关成本。非相关成本是与固定资产投资决策无关的、在分析评价时不必考虑的成本,如历史成本、账面成本、沉没成本等。

在估计项目投资引起的现金净流量时,要重视机会成本。所谓机会成本是在备选方案中,选择一个最优方案,必须放弃其他投资方案,被放弃的方案所带来的潜在收益就是所选择方案的机会成本。例如,在固定资产更新改造的决策中,有两个备选方案,购置新设备和继续使用旧设备,如果选择继续使用旧设备,就必须放弃处置旧设备所取得的变现收益。那么放弃处置旧设备所取得的变现收益就是继续使用旧设备的机会成本。

当公司采纳一个新的投资项目后,可能对公司其他部门产生有利或不利影响。因此,公司在进行决策分析时,要考虑采用该投资方案对其他部门产生的影响。

3. 现金流量的计算

项目投资中的现金流量,一般可以分成三个阶段分别计算:投资现金流量、经营现金流量和终结现金流量。在现金流量的计算中,为了简化,一般都假定各年投资在年初一次进行,把各年营业现金流量看作是各年年末一次发生,把终结现金流量看作是最后一年年末发生。

(1)投资现金流量(初始现金流量)。投资现金流量包括投资在投资项目上的资金和投资在流动资产上的资金两部分。投资在流动资产上的资金一般假设当项目结束时将全部收回。这部分现金流量由于在会计上一般不涉及企业的利润,因此不受所得税的影响。

投资在项目上的资金有时是以企业原有的旧设备进行投资的。在计算投资现金流量时,一般是以设备的变现价值作为其现金流出量(但是该设备的变现价值通常并不与其折余价值相等)。另外还必须注意将这个投资项目作为一个独立的方案进行考虑，例如企业如果将该设备出售可能得到的收入（设备的变现价值）以及企业因此可能支付或减免的所得税，即：

投资现金流量=投资在流动资产上的资金+投资设备的变现价值-（投资设备的变现价值-投资设备的折余价值）×所得税率

（2）经营现金流量。经营现金流量是指固定资产项目投产后，在整个寿命期限内由生产运营所发生的现金净流量，包括以下内容：

①营业现金收入；

②计提折旧；

③付现营业成本；

④应缴纳税金。

通常，营业现金流量按照年度估算，分别根据不同情况按照以下公式计算：

在不考虑所得税时：

净现金流量=销售收入-付现成本

考虑所得税影响时：

净现金流量=（销售收入-付现成本-折旧）×（1-税率）+折旧

=税后净利+折旧

=税后收入-税后付现成本+折旧×税率

（3）项目终止现金流量（终结现金流量）。项目终止现金流量包括固定资产的残值收入和收回原投入的流动资金。在投资决策中，一般假设当项目终止时，将项目初期投入在流动资产上的资金全部收回。这部分收回的资金由于不涉及利润的增减，因此也不受所得税的影响。

固定资产的残值收入如果与预定的固定资产残值相同，那么在会计上也同样不涉及利润的增减，所以也不受所得税的影响。但是在实际工作中，最终的残值收入往往并不同于预定的固定资产残值，它们之间的差额会引起企业的利润增加或减少，因此在计算现金流量时，要注意不能忽视这部分的影响。项目终止现金流量计算公式为：

项目终止现金流量=固定资产残值收入+

投入流动资金（实际残值收入-预定残值）×所得税率

【例4-1】　仁和公司拟购入一台大型生产设备，现有A、B两个方案以供选择。A方案需投资10 000元，使用寿命为5年，采用直线法计提折旧，5年后设备无残值。5 年中每年销售收入为 6 000 元,每年的付现成本为 3 000 元。B 方案需投资 12 000 元,采用直线法计提折旧,使用寿命也为 5 年,5 年后有残值收入 2 000 元。5 年中每年的销售收入为 8 000 元,付现成本第一年为 3 000 元,以后随着设备陈旧,逐年将增加修理费 400 元,另需垫支营运资金 3 000 元。假设所得税率为 40%,试计算两个方案的现金流量。

【解析】

第一步,计算两个方案每年的折旧额。

A 方案每年折旧额 = 10 000÷5 = 2 000(元)

B 方案每年折旧额 =(12 000−2 000)÷5 = 2 000(元)

第二步,计算两个方案的营业现金净流量,然后,再结合初始现金净流量和终结现金净流量,编制两个方案的全部现金净流量计算表,如表 4−1、表 4−2 所示。

表 4−1　投资项目营业现金净流量计算表　　单位:元

项目	第 1 年	第 2 年	第 3 年	第 4 年	第 5 年
A 方案					
销售收入(1)	6 000	6 000	6 000	6 000	6 000
付现成本(2)	3 000	3 000	3 000	3 000	3 000
折旧(3)	2 000	2 000	2 000	2 000	2 000
税前净利(4) (4)=(1)−(2)−(3)	1 000	1 000	1 000	1 000	1 000
所得税(5) (5)=(4)×40%	400	400	400	400	400
税后净利(6) (6)=(4)−(5)	600	600	600	600	600
现金净流量(7) (7)=(6)+(3) =(1)−(2)−(5)	2 600	2 600	2 600	2 600	2 600
B 方案					
销售收入(1)	8 000	8 000	8 000	8 000	8 000
付现成本(2)	3 000	3 400	3 800	4 200	4 600
折旧(3)	2 000	2 000	2 000	2 000	2 000

续 表

项目	第 1 年	第 2 年	第 3 年	第 4 年	第 5 年
税前净利(4) (4)=(1)-(2)-(3)	3 000	2 600	2 200	1 800	1 400
所得税(5) (5)=(4)×40%	1 200	1 040	880	720	560
税后净利(6) (6)=(4)-(5)	1 800	1 560	1 320	1 080	840
现金净流量(7) (7)=(6)+(3)	3 800	3 560	3 320	3 080	2 840

表 4-2 投资项目营业现金净流量计算表 单位:元

项目	第 0 年	第 1 年	第 2 年	第 3 年	第 4 年	第 5 年
A 方案						
固定资产投资	-10 000					
营业现金流量		2 600	2 600	2 600	2 600	2 600
现金净流量合计	-10 000	2 600	2 600	2 600	2 600	2 600
B 方案						
固定资产投资	-12 000					
营运资金垫支	-3 000					
营业现金流量		3 800	3 560	3 320	3 080	2 840
固定资产残值						2 000
营运资金回收						3 000
现金净流量合计	-15 000	3 800	3 560	3 320	3 080	7 840

四、投资决策评价指标

(一)投资决策评价指标的类型

在确定了项目投资决策所需要的相关现金流量和必要报酬率的信息后,就要考虑采用一定决策方法评价项目的经济可行性,以决定采纳或否决一个方案。对项目经济可行性评价时使用的方法分为两类：一类是非贴现指标；另一类是贴现指标。非贴现评价指标是指在指标计算过程中不考虑资金时间价值因素，包括投资回收期法和年均收益率法；贴现评价指标是指在指标计算过程中充分考虑和利用资金时间价值，包括净现值法、现值指数法和内含报酬率法。

（二）非贴现评价指标

1. 投资回收期（PP）

投资回收期是指收回初始投资所需要的时间。该方法是从收回投资所需要的时间长短角度评价项目的经济可行性。回收年限越短，方案越有利。投资回收期的具体计算与投资项目现金流量特点有关。

①当投资项目的投资额是一次性支出，且每期现金流入量相等时，用下面公式计算：

$$投资回收期=\frac{投资额}{每期现金流入量}$$

②当项目各年的净现金流量不等或投资额不是一次投入时，则：

$$投资回收期=\left(\frac{累计净现金流量}{开始出现正值的年份}\right)-1+\frac{|上年累计净现金流量绝对值|}{当年净现金流量}$$

【例 4-2】 如果大公司目前有 3 个投资机会，要求的最低报酬率为 10%。有关资料如表 4-3 所示。

表 4-3　远大公司投资方案　　单位：元

期间	A 方案		B 方案		C 方案	
	净收益	现金流量	净收益	现金流量	净收益	现金流量
0		20 000		9 000		12 000
1	1 800	11 800	1 800	1 200	600	4 600
2	3 240	13 240	3 000	6 000	600	4 600
3			3 000	6 000	600	4 600
合计	540	5 040	4 200	4 200	1 800	1 800

试分别计算 A、B 和 C 方案的投资回收期。

解：方案 C 每期现金流量相等，则：

C 方案投资回收期＝12 000/4 600＝2.6(年)；方案 A 和 B 每期现金流量不相等，计算如表 4-4、表 4-5 所示。

表 4-4　方案 A 投资回收期　　单位：元

	时间(年)	净现金流量	回收额	未收回额	回收时间
方案 A	0	20 000		20 000	
	1	11 800	11 800	8 200	1
	2	13 240	8 200	0	0.62
方案 A 投资回收期＝1+(8 200÷13 240)＝1.62(年)					

表 4-5　方案 B 投资回收期　　单位：元

	时间(年)	净现金流量	回收额	未收回额	回收时间
方案 B	0	9 000		9 000	
	1	1 200	1 200	7 800	1
	2	6 000	6 000	1 800	1
	3	6 000	1 800	0	0.30
方案 B 投资回收期＝2+(1 800÷6 000)＝2.30(年)					

从投资回收期指标看，A 方案优于其余两个方案。

投资回收期法的主要优点是计算简便，最大缺点在于它既没有考虑“货币的时间价值”，也没有考虑回收期后的现金流量。在实际工作中，长期投资往往看重的是项目中后期待得到的较为丰厚的长久收益。对于这种类型的项目，用投资回收期法来判断其优劣，就显得片面了。

2. 会计收益率

会计收益率是指投资项目年平均利润额与原始或平均投资额的比值。一般而言，投资项目的会计收益率越高越好，低于无风险报酬率的方案为不可行方案。

会计收益率的计算公式如下：

$$会计收益率=\frac{年平均利润}{原始投资额}\times 100\%$$

上述公式的分母也可以使用平均投资额，尽管其计算结果不同，但是它不改变方案的优先次序。

【例 4-3】　根据【例 4-2】的资料，分别计算 A、B、C 三个方案的会计收益率。

A 方案的会计收益率 = [(1 800+3 240)÷2]÷20 000×100% = 12.6%

B 方案的会计收益率 = [(-1 800+3 000+3 000)÷3]÷9 000×100% = 15.6%

C 方案的会计收益率 = 600÷12 000×100% = 5%

由计算结果可以看出，B 方案为最佳方案。

会计收益率法计算简便，易于理解和掌握，主要缺点是没有考虑货币时间价值。

（三）贴现评价指标

1. 净现值法

净现值法是以净现值作为投资决策分析指标的一种评价方法。净现值（NPV）是投资项目投入使用后产生的各年净现金流量，按资本成本或企业要求达到的报酬率折算的总现值减去初始投资的余额来计算。即所有未来现金流入量和现金流出量都要按预定的贴现率折算为现值，然后再计算它们的差额。

用净现值指标评价方案时，首先要将各年的净现值流量按预定的贴现率折算成现值，然后再计算出它们的代数和（即净现值）。在采纳与否的决策中，若净现值大于或等于零，表明该项目的报酬率大于或等于预定的投资报酬率，方案可取；反之，方案不可取。在选择互斥的决策中，则净现值大于零且金额最大的为最优方案。

净现值的计算公式如下：

$$NPV=\sum_{t=0}^{n}\frac{L_t}{(1+i)^t}-\sum_{i=0}^{n}\frac{O_t}{(1+i)^t}=\sum_{n=0}^{n}\frac{NCF_t}{(1+i)^t}$$

式中，n——投资涉及的年限；

L_t——第 t 年的现金流入量；

O_t——第 t 年的现金流出量；

i——预定的贴现率；

F_i——第 i 年的净现金流量。

【例 4-4】　根据【例 4-2】　的资料，分别计算 A、B、C 三个方案的净现值。

$$NPV_A=\sum_{t=0}^{n}\frac{NCF_t}{(1+i)^t}=\frac{11\ 800}{1+10\%}+\frac{13\ 240}{(1+10\%)^2}-20\ 000$$

$$=11\ 800\times0.909\ 1+13\ 240\times0.826\ 4-20\ 000$$

$$=21\ 669-20\ 000$$

$$=1\ 669(\text{元})$$

$$NPV_B=\sum_{t=0}^{n}\frac{NCF_t}{(1+i)^t}=\frac{1\ 200}{1+10\%}+\frac{6\ 000}{(1+10\%)^2}+\frac{6\ 000}{(1+10\%)^3}-9\ 000$$

$$=1\ 200\times0.909\ 1+6\ 000\times0.826\ 4+6\ 000\times0.751\ 3-9\ 000$$

$$=10\ 577-9\ 000$$

$$=1\ 557(\text{元})$$

$$NPV_C=\sum_{t=0}^{n}\frac{NCF_t}{(1+i)^t}=4\ 600\times(P/A,10\%,3)-12\ 000$$

$$=4\ 600\times2.487-12\ 000$$

$$=-560(\text{元})$$

A 方案和 B 方案净现值大于零,可以接受,C 方案净现值小于零,不可接受。如果三者之间只能选择一个,则应选择净现值最大的方案。此例中应该选择 A 方案。

净现值法考虑了货币时间价值,能够反映各种投资方案的净收益,因而是一种较好的方法。缺点是净现值法只能说明投资项目的报酬率高于或低于预定的报酬率,而不能揭示各个投资方案本身可能达到的实际报酬率是多少,而且净现值本身是一个绝对数,不利于不同投资规模的比较。

2. 现值指数

现值指数是投资项目投产后未来现金流量的总现值与初始投资额的现值之比,计算公式为:

$$PI=\sum_{t=0}^{n}\frac{I_t}{(1+i)^t}\div\sum_{t=0}^{n}\frac{O_t}{(1+i)^t}$$

用获利指数指标评价方案时,首先要计算未来现金流入量的现值之和与未来现金流出量的现值之和,然后计算两者的比值(即获利指数)。在采纳与否的决策中,若获利指数大于或等于 1,表明该项目的报酬率大于或等于预定的投资报酬率,方案可取;反之,方案不可取。在选择互斥的决策中,则获利指数大于 1 且金额最大的为最优方案。

与净现值相比,获利指数是一个相对数,因此克服了不同投资额方案间的净现值缺乏可比性的问题。它的经济意义是每一元投资在未来获得的现金流入量的现值数。

净现值和获利指数的计算都是在假定贴现率的基础上进行的,但是如何确定贴现率却有一定的难度。而且选择不同的贴现率,也会引起净现值和获利指数发生变化,有时甚至会影响到判断结果。

3. 内含报酬率

内含报酬率(IRR)反映的是方案本身实际达到的报酬率,它是在整个方案的实施过程中,当所有现金净流入年份的现值之和与所有现金净流出年份的现值之和相等时,方案的报酬率,即能够使项目的净现值为零的报酬率。

对于独立投资项目,内含报酬率同样是一个无量纲指标,它本身不能判断投资项目的优劣。在应用内含报酬率法时,必须寻找一个参照指标。这个指标就是最低期望报酬率。如果投资项目的内含报酬率大于最低期望报酬率,投资项目可以接受;反之,如果投资项目的内含报酬率小于最低期望报酬率,项目不可接受。

内含报酬率的计算公式为:

$$NPV=\sum_{t=0}^{n}\frac{I_t}{(1+IRR)^t}-\sum_{t=0}^{n}\frac{O_t}{(1+IRR)^t}=\sum_{t=0}^{n}\frac{NCF_t}{(1+IRR)^t}=0$$

内含报酬率的计算比较复杂,通常根据未来现金流量的情况,可以采用以下两种方法。

(1)未来期内各年营业现金流量相等。

首先,按年金现值的计算公式计算年金现值系数。

其次,查年金现值系数表,在相同期数内找出与上述年金现值系数相等或相邻近的较大和较小的两个贴现率。

最后,采用插值法计算内含报酬率。

(2)未来期内各年营业现金流量不相等。

首先,按估计的贴现率计算方案的净现值。

其次,估计内含报酬率的可能区间。由于内含报酬率是净现值等于零时的贴现率,零介于正负数之间。因此,若第一步计算的净现值大于零,则应提高贴现率,再计算净现值;若第一步计算的净现值小于零,则应降低贴现率,再计算净现值。

经过反复测算,务必使得再测算的净现值与第一步计算的净现值相反,即找出净现值一正一负两个贴现率。

最后,采用插值法计算内含报酬率。

【例 4-5】　根据【例 4-2】的资料，分别计算 A、B、C 三个方案的内含报酬率。

解：

A 方案：前面已经计算当 $t=10\%$时，NPV = 1 669 元，说明方案本身的报酬率高于 10%，因此应提高贴现率进一步测试。测试过程见表 4-6。

A 方案内含报酬率：

$$IRR_A=16\%+(18\%-16\%)\times\frac{9}{9+499}=16.04\%$$

B 方案：测试过程见表 4-7。

表 4-6　A 方案内含报酬率测试表

年份	现金净流量(元)	贴现率 $i=16\%$		贴现率 $i=18\%$	
		贴现系数	现值(元)	贴现系数	现值(元)
0	20 000	1	20 000	1	20 000
1	11 800	0. 862	10 172	0. 847	9 995
2	13 240	0. 743	9 837	0. 718	9 506
净现值			9		499

表 4-7　B 方案内含报酬率测试表

年份	现金净流量(元)	贴现率 $i=16\%$		贴现率 $i=18\%$	
		贴现系数	现值(元)	贴现系数	现值(元)
0	9 000	1	20 000	1	20 000
1	1200	0. 862	1 034	0. 847	1 016
2	6 000	0. 743	4 458	0. 718	4 308
3	6 000	0. 641	3 846	0. 609	3 654
净现值			338		22

B 方案内含报酬率：

$$IRR_B=16\%+(18\%-16\%)\times\frac{338}{338+22}=17.88\%$$

C 方案：各期现金流入量相等，符合年金形式，可利用年金现值系数表来确定。

$$\mathrm{NPV}_{C}=4\ 600\times(P/A,i,3)-12\ 000=0$$

$$(P/A,i,3)=12\ 000/4\ 600=2.609$$

查阅“1 元年金现值表”，在 $n=3$ 这一栏下寻找到最接近 $(P/A,i,3)=2.609$ 的 i 是：

$$i=7\%,(P/A,7\%,3)=2.624$$

$$i=8\%,(P/A,8\%,3)=2.577$$

这说明内含报酬率处于 6%和 8%之间，具体为：

$$\mathrm{IRR}_{C}=7\%+(8\%-7\%)\times\frac{2.624-2.609}{2.624-2.577}=7.32\%$$

根据计算结果，A 方案和 B 方案的内含报酬率都大于最低期望报酬率（10%），可以接受，C 方案的内含报酬率低于最低期望报酬率，不可以接受。对于互斥投资项目，应该从可接受方案中，选择内含报酬率最高的方案，因此应该选择 B 方案。

内含报酬率法的优点是考虑了资金时间价值，反映了投资项目的真实报酬率，能够对投资不同的项目进行优先排序，概念也易于理解；缺点是计算过程比较复杂，特别是每年 NCF 不相等的投资项目，一般要经过多次测算才能求得。

（四）贴现现金流量指标的比较

1. 净现值和内含报酬率的比较

在大多数情况下，运用净现值和内含报酬率计算得出的结论是相同的。但在下面两种情况下，有时会产生差异：①初始投资不一致；②现金流入的时间不一致。尽管是在这两种情况下使两者产生了差异，但引起差异的原因是共同的：净现值法假定，产生的现金流入量重新投资会产生相当于企业资本成本的利润率，而内含报酬率法却假定，现金流入量重新投资产生的利润率与此项目的特定的内含报酬率相同。在无资本限量的情况下，净现值法是一个比较好的方法。

2. 净现值和获利指数的比较

由于净现值和指数使用的是相同的信息，在评价投资项目的优劣时，它们常常是一致的，但有时也会产生分歧。只有当初始投资不同时，净现值和获利指数才会产生差异。当获利指数与净现值得出不同结论时，应以净现值为准。

总之，在无资本限量的情况下，利用净现值法在所有的投资评价中都能作出正确的决策，而利用内含报酬率和获利指数在采纳与否决策中也能作出正确的决策，但在互斥选择决策中有时会作出错误的决策。因而,在这三种评价方法中,净现值法是最好的评价方法。

五、投资决策指标的应用

(一)固定资产修理和更新的决策

固定资产修理和更新的决策是在假设维持现有生产能力水平不变的情况下选择继续使用旧设备(包括对其进行大修理),或是将其淘汰重新选择性能更优异、运行费用更低廉的新设备的决策。由于假设新旧设备的生产能力相同,对企业而言,销售收入没有增加,即现金流入量未发生变化,但是生产成本却发生了变化。

另外新旧设备的使用寿命往往不同,因此固定资产修理和更新决策实际上就是比较两方案的年平均成本。

新旧设备的总成本都包括两个组成部分,即设备的资本成本和运行成本。在计算新旧设备的年平均成本时,要特别注意运行成本、设备大修理费和折旧对所得税的影响。

下面举例说明固定资产修理和更新的决策方法。

【例 4-7】 假设某企业有一台旧设备,重置成本为 8 000 元,可大修两次(目前需继续使用,预计第二年年末大修),每次大修修理费为 8 000 元,年运行成本为 3 000 元,4 年后报废,无残值。如果用 40 000 元购买一台新设备,年运行成本为 6 000 元,使用寿命 8 年,不需大修,8 年后残值 2 000 元。新旧设备的产量及产品销售价格相同。另外企业计提折旧的方法为直线法,企业的资金成本率为 10%,企业所得税税率为 40%。问:企业是继续使用旧设备还是将其更新为新设备?

【解析】

(1)如果继续使用旧设备。

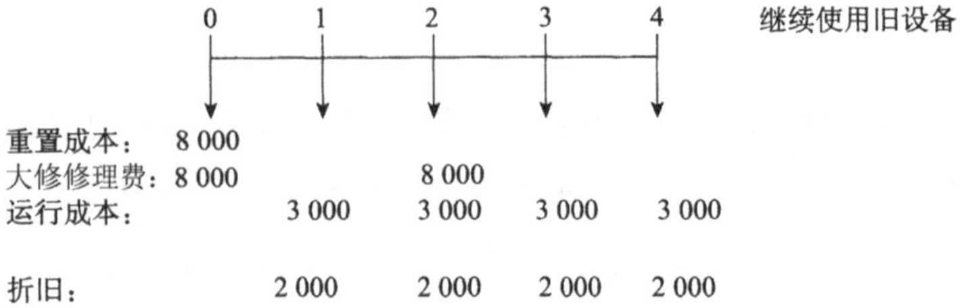

$$大修理费用的现值=8\ 000\times(1-40\%)+8\ 000\times(1-40\%)\times(P/F,10\%,2)$$

$$=4\ 800+4\ 800\times0.826=8\ 764.8(元)$$

运行成本的现值 $=3\ 000\times(1-40\%)\times(P/A,10\%,4)$

$=1\ 800\times3.17=5\ 706$（元）

折旧抵税的现值 $=8\ 000/4\times40\%\times(P/A,10\%,4)$

$=800\times3.17=2\ 536$（元）

现金总成本 $=8\ 000+8\ 764.8+5\ 706-2\ 536$

$=4\ 800+4\ 800\times0.826=19\ 934.8$（元）

平均年成本 $=\dfrac{19\ 934.8}{(P/A,10\%,4)}=\dfrac{19\ 934.8}{3.17}=6\ 288.5$（元）

（2）改用新设备。

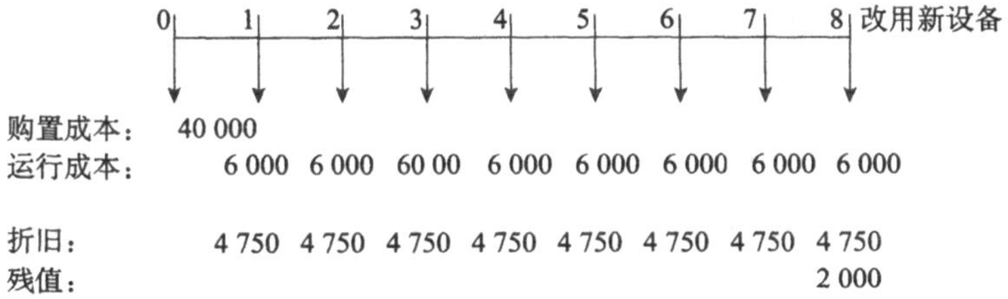

运行成本的现值 $=6\ 000\times(1-40\%)\times(P/A,10\%,8)$

$=3\ 600\times5.335=19\ 206$（元）

折旧抵税的现值 $=\dfrac{40\ 000-2\ 000}{8}\times40\%\times(P/A,10\%,8)$

$=4\ 750\times40\%\times5.335=1\ 900\times5.335=10\ 136.5$（元）

收回残值的现值 $=2\ 000\times(P/F,10\%,8)=2\ 000\times0.467=934$（元）

现值总成本 $=40\ 000+19\ 206-10\ 136.5-934=48\ 135.5$（元）

平均年成本 $=\dfrac{48\ 135.5}{(P/A,10\%,8)}=\dfrac{48\ 135.5}{5.335}=9\ 022.59$（元）

由上述计算结果可知，更新设备的年平均成本高于继续使用旧设备，因此不应当更新。

（二）固定资产租赁或购买的决策

在进行固定资产租赁或购买决策时，由于所用设备相同，即设备的生产能力与产品的销售价格相同，同时设备的运行费用也相同，因此只需比较两种方案的成本差异及成本对企业所得税所产生的影响差异即可。

固定资产租赁与购买设备相比，每年将多支付一定的租赁费用。另外由于租赁费用是在成本中列支的，因此企业还可以减少缴纳所得税，即得到纳税利益；购买固定资产是一种投资行为,企业将支出一笔可观的设备款,但同时每年可计提折旧费进行补偿,折旧费作为一项成本,也能使企业得到纳税利益,并且企业在项目结束或设备使用寿命到期时,还能够得到设备的残值变现收入。

【例 4-7】 假设某企业在生产中需要一种设备,若企业自己购买,需支付设备买入价 200 000 元,该设备使用寿命 10 年,预计残值率 5%;企业若采用租赁的方式进行生产,每年将支付 40 000 元的租赁费用,租赁期 10 年。假设贴现率 10%,所得税税率 40%。

【解析】

购买设备:

设备折余价值=200 000×5%=10 000(元)

年折旧额=(200 000-10 000)+10=19 000(元)

购买设备支出=200 000(元)

折旧抵税的现值=19 000×40%×(P/A,10%,10)= 7 600×6. 145=46 702(元)

设备折余价值变现值=10 000×(P/F,10%,10)= 10 000×0. 386=3 860(元)

购买设备的现值总支出=200 000-46 702-3 860=149 438(元)

租赁设备:

租赁费支出现值=40 000×(P/A,10%,10)= 40 000×6. 145=245 800(元)

因租赁减少纳税现值=40 000×40%×(P/A,10%,10)= 16 000×6. 145=98 320(元)

租赁设备的现值总支出=245 800-98 320=147 480(元)

上述计算结果表明,购买设备的总支出数大于租赁的总支出数,因此企业应采取租赁的方式。

六、有风险情况下的投资决策

在讨论投资决策时,我们假定现金流量是确定的,即可以明确现金收支的金额及其发生时间。实际上,投资活动充满了不确定性。如果决策面临的不确定性比较小,一般可忽略它们的影响,把决策视为确定情况下的决策。

如果决策面临的不确定性比较大,足以影响方案的选择,那么就应对它们进行计量并在决策时加以考虑。

投资风险分析的常用方法是风险调整贴现率法和风险调整现金流量法。

(一)风险调整贴现率法

将与特定投资项目有关的风险报酬加入资本成本或企业要求的最低投资报酬率中构成按风险调整的贴现率,据以计算投资决策指标并进行决策分析的方法为风险调整贴现率法。

采用该方法的基本原理是:如果现金流量包含风险报酬,则贴现率就必须考虑风险报酬率,通过加大贴现率把现金流量中包含的风险影响(即风险报酬)予以消除,从而使指标能正确地反映无风险条件下的决策。

可以考虑以下三种方法调整贴现率。

1. 用资本资产定价模型(CAPM)调整贴现率

由于企业投资往往面临两种风险,即可分散风险和不可分散风险,而不可分散风险又可以由 β 系数值表述。因此,特定投资项目按风险调整的贴现率可按下式计算:

$$K_i = R_F + \beta_i \cdot (K_m - R_F)$$

式中,K_i——第 i 种股票或第 i 种证券组合的必要收益率;

R_F——无风险收益率;

K_m——所有股票或所有证券的平均收益率;

β_i——第 i 种股票或第 i 种证券组合的 β 系数。

2. 按风险等级调整贴现率

该方法的基本思路是对影响投资项目风险的各个因素进行评分,然后根据评分确定风险等级并据以调整贴现率。操作时,可以根据不同期间影响因素及其变动情况确定各因素得分,然后计算各期间的总得分。总得分增加,风险等级也随之增加。专业人员根据经验等确定相应的贴现率。

该方法既可以用于多个方案贴现率的确定(此时对每一方案的整个期间来说,贴现率可以是一个,也可以不同的期间对应不同的贴现率),也可以用于单个方案贴现率的确定。

3. 用风险报酬率模型调整贴现率

任何一项投资的报酬率均由两部分组成,即无风险报酬率和风险报酬率,其计算公式如下:

$$K_i = R_F + b \times V$$

式中，K_i——第 i 种股票或第 i 种证券组合的必要收益率；

R_F——无风险收益率；

V——标准离差率；

b 风险价值系数。

风险价值系数 b 的大小由投资者根据经验并结合其他因素加以确定，通常有以下几种方法：

①根据以往同类项目的有关数据确定。根据以往同类投资项目的投资收益率、无风险收益率和收益标准离差率等历史资料可以求得风险价值系数。

②由企业领导或有关专家确定。如果现在进行的投资项目缺乏同类项目的历史资料，不能采用上述方法计算，则可根据主观经验加以确定。可以由企业领导，如总经理、财务副总经理、财务主任等研究确定，也可由企业组织有关专家确定。

这时，风险价值系数的确定在很大程度上取决于企业对风险的态度。比较敢于冒风险的企业，往往把风险价值系数定得低些；而比较稳健的企业，则往往定得高些。

③由国家有关部门组织专家确定。国家财政、银行、证券等管理部门可组织有关方面的专家，根据各行业的条件和有关因素确定各行业的风险价值系数。这种风险价值系数的国家参数由有关部门定期颁布，供投资者参考。

【例 4-9】 某企业目前有两个投资项目，它们都需要投资 2 000 元，但是其现金流量却不同。表 4-8 列出了这两个投资项目的现金流量及其概率分布。

表 4-8 投资机会现金流量及其概率分布

年份	A 项目		B 项目	
	现金流量（元）	概率分布	现金流量（元）	概率分布
基年	-2 000	1.00	-2 000	1.00
第三年	1 500	0.20	3 000	0.10
	4 000	0.60	4 000	0.80
	6 500	0.20	5 000	0.10

假设无风险贴现率为 6%，中等风险程度的项目变化系数为 0.5，通常要求的含有风险报酬的最低报酬率为 11%。

要求：采用按风险调整贴现率计算 A 项目和 B 项目的净现值，并对之进行评价。

【解析】

(1)确定风险程度(标准离差率 V)。

首先,计算各个项目的期望值:

$E_A=1\ 500\times0.20+4\ 000\times0.60+6\ 500\times0.20=4\ 000$(元)

$E_B=3\ 000\times0.10+4\ 000\times0.80+5\ 000\times0.10=4\ 000$(元)

其次,计算各个项目的标准差:

$d_A=\sqrt{(1\ 500-4\ 000)^2\times0.20+(4\ 000-4\ 000)^2\times0.60+(6\ 500-4\ 000)^2\times0.20}$
$=1\ 581$(元)

$d_B=\sqrt{(3\ 000-4\ 000)^2\times0.10+(4\ 000-4\ 000)^2\times0.80+(5\ 000-4\ 000)^2\times0.10}$
$=447$(元)

再次,计算各个项目的变异系数($V=d/E$):

$$V_A=\frac{1\ 581}{4\ 000}=0.4$$

$$V_B=\frac{477}{4\ 000}=0.11$$

(2)确定风险价值系数(b)。

因为:
$$K_i=R_F+b\times V$$

故:
$$b=\frac{K-R_F}{V}=\frac{11\%-6\%}{0.5}=0.1$$

(3)确定风险调整贴现率。

$$K_A=6\%+0.1\times0.4=10\%$$

$$K_B=6\%+0.1\times0.11=7.1\%$$

(4)计算净现值。

$$NPV_A=\frac{4\ 000}{(1+10\%)^3}-2000=3\ 005-2\ 000=1\ 005(元)$$

$$NPV_B=\frac{4\ 000}{(1+7.1)^3}-2\ 000=3\ 256-2\ 000=1\ 256(元)$$

(5)评价。

根据净现值的决策准则,B 项目优于 A 项目,应采用 B 项目。

如果不考虑风险,以最乐观的现金流量作为确定的现金流量,则各项目的净现值计算如下：

$$NPV_A = \frac{4\ 000}{(1+6\%)^3} - 2\ 000 = 3\ 358 - 2\ 000 = 1\ 358(\text{元})$$

$$NPV_B = \frac{4\ 000}{(1+6\%)^3} - 2\ 000 = 3\ 358 - 2\ 000 = 1\ 358(\text{元})$$

由此可见,不考虑风险,无法区别 A、B 两个项目的优劣,若考虑风险,A 项目的风险较高。

从逻辑上说,风险调整贴现率法较好,但是它可能把时间价值和风险价值混为一谈,并据此对各期现金流量进行贴现。这意味着风险会随着时间的推移而升高,因此需要对远期的现金流量做较大的调整。有时这与事实不符。例如果园、饭店等行业的投资前几年的现金流量极不稳定,也难以确定,越往后反而越有把握,越确定。

(二)风险调整现金流量法

风险调整现金流量法又称为肯定当量法,该方法的基本思路是先用一个系数把有风险的现金收支调整为无风险的现金收支,然后用无风险的贴现率去计算净现值,以便用净现值法的规则判断投资机会的可取程度。

$$NPV = \sum_{t=0}^{n} a_t \times NCF_t \times (P/F, i_c, t)$$

式中,a_t—— 第 t 年现金流量的肯定当量系数,它在 0 ~ 1 之间;

i_c—— 无风险的贴现率;

NCF_t—— 第 t 年现金流量。

肯定当量系数是指不肯定的 1 元现金流量期望值相当于使投资者满意的、肯定的金额的系数。它可以把各年不肯定的现金流量换算成肯定的现金流量。

$$a_t = \frac{\text{肯定的现金流量}}{\text{不肯定的现金流量期望值}}$$

【例 4-10】 华安公司计划投资 A 项目,该项目计算期为 5 年,各年现金流量及项目规划人员根据计算期内不确定因素测定的肯定当量系数如表 4-9 所示。另外,该公司无风险报酬率为 8%,问该项目是否可行?

表 4-8　A 项目的各年肯定当量系数

t	0	1	2	3	4	5
NCF_t	-50 000	20 000	20 000	20 000	20 000	20 000
a_t	1.0	0.95	0.90	0.85	0.8	0.75
$(P/F,i,t)$	1.0	0.926	0.857	0.794	0.735	0.681

【解析】　根据资料,采用肯定当量法利用净现值进行项目评价:

$$
\begin{aligned}
NPV &= \sum_{t=0}^{n} a_t \times NCF_t \times (P/F, i_c, t) \\
&= 0.95 \times 20\ 000 \times 0.926 + 0.9 \times 20\ 000 \times 0.875 + 0.9 \times 20\ 000 \\
&\quad \times 0.794 + 0.9 \times 20\ 000 \times 0.735 + 0.9 \times 20\ 000 \times 0.681 - 50\ 000 \\
&= 68\ 493 - 50\ 000 \\
&= 18\ 493(\text{元})
\end{aligned}
$$

从上面的计算结果可以看出,A 项目可以进行投资。

风险调整现金流量法是用调整净现值公式分子的办法来考虑风险的,风险调整贴现率法是用调整净现值公式分母的办法来考虑风险的,这是两者的重要区别。风险调整现金流量法克服了风险调整贴现率法夸大远期风险的缺点,可以根据各年不同的风险程度,分别采用不同的肯定当量系数,但如何确定当量系数是个困难的问题。

第三节　证券投资管理

一、证券投资概述

(一)证券投资的概念及其种类

1. 证券的概念

证券是指具有一定票面金额,代表财产所有权和债权,可以有偿转让的凭证,如股票和债券等,证券具有变现快、收益不确定和风险较大的特点。

2. 证券投资的概念及其种类

证券投资是指以购买有价证券(如股票、债券等)的方式对其他企业进行的投资。

证券投资按其性质分为以下四类：

①债券投资。企业将资金投资于各种债券。债券是由发行企业或政府机构发行并规定还本付息的时间与金额的债务证书，包括国库券、金融债券和其他公司债券，表明企业拥有证券发行单位的债权。

②股票投资。企业将资金投资于其他企业发行的股票，表明企业拥有证券发行公司的所有权，如其他公司发行的普通股或优先股，其投资收益决定于发行公司的股利和股票市场价格。

③基金投资。企业将资金投资于购买各种基金股份或收益凭证，通过基金经理管理基金来降低投资风险，获取收益。

④证券组合投资。企业将资金同时投资于多种证券，以分散投资风险。

（二）证券投资的目的

不同的证券投资主体有不同的投资目的，同一投资者在不同的时期也可能有不同的目的。证券投资的目的主要有以下几方面。

1. 获取利润

资金是企业资产价值的货币表现，有效地利用企业拥有或控制的经济资源，不仅会使企业取得收益，也必然使资金在运动中保存价值和不断增值。因此，企业必须充分利用现有的资产，提高资产的利用效率，以增加企业的收益。但是，在企业的生产经营过程中，由于市场的变化或者企业管理的原因，有时会出现资产闲置或资产报酬率下降甚至亏损的情况。为获取利润，企业可以考虑利用现有的资产对外投资，进行资产的重新组合，以优化资源配置，增加企业的收益。

2. 获取控制权

为了生存和发展，企业必然要不断地扩大经营规模，企业通过对内投资形式扩张企业的经营规模，其扩张速度较慢；通过证券投资获得证券发行公司经营管理的控制权，其扩张企业经营规模的速度较快，往往在较短的时间内就能迅速扩大企业的规模，从而使企业在激烈的市场竞争中处于较为有利的地位。

3. 分散风险

由于市场竞争的日趋激烈，企业在经营过程中都面临着各种不同程度的风险。企业通过证券投资，包括多种证券组合投资，实现资产多元化，以规避投资风险或将投资风险控制在一定限度内。

4. 保持资产的流动性

资产的流动性是指资产的变现能力。企业为了增强偿债能力，降低财务风险，必须保持资产良好的流动性。在企业的资产中，长期资产的流动性较差，一般不能直接用于偿还债务，流动资产中现金可以直接用于偿还债务，但储备现金过多，又会降低企业资产的收益率。证券投资不仅可以保持资产的良好流动性，降低经营风险，而且也将增加企业的收益。

（三）影响对外投资的因素

重大的证券投资活动具有投资期限长、金额大、风险高的特点。投资的成败对企业的长远发展具有重要的影响，因此在进行投资决策时，必须充分考虑以下各方面的因素。

1. 企业财务状况

企业对外进行投资，首先必须考虑本企业当前的财务状况，如企业资产的利用情况、偿还债务的能力、未来几年的现金流动状况以及企业的筹资能力等。企业当前的财务状况是制约企业对外投资的一项重要因素，如果企业的资产利用情况较好，而且正面临着资金紧张、偿债能力不足、筹资渠道较少的情况，即使有较好的投资机会，也没有投资的能力。反之，如果企业的资产没有得到充分利用，有大量闲置的资金，就可以考虑对外投资。

2. 企业经营目标

企业的对外投资必须服从企业整体的经营目标，对外投资的目标应与企业的整体经营目标相一致或者有利于实现企业的整体经营目标。企业的对外投资必须根据企业经营的需要来选择投资项目和投资方式，根据不同的投资目的作出相应的投资决策。

3. 投资对象的收益与风险

对外投资虽然目的不同，但是任何一种对外投资都希望获得更好的投资收益。企业进行对外投资时，要认真考虑投资对象的收益和风险，在保证实现投资目的的前提下，要尽可能选择投资收益较高、风险较低的投资项目。

二、债券投资

(一)债券投资的概念和特点

债券投资是指企业通过证券市场购买各种债券(如国库券、金融债券、公司债券及短期融资券等)进行的投资。企业进行短期债券投资的目的主要是为了配合企业对资金的需求,调节现金余额,使现金余额达到合理水平。企业进行长期债券投资的目的主要是为了获得稳定的收益。

相对于股票投资而言,债券投资一般具有以下特点。

1. 属于债权性投资

债券持有人作为发行公司的债权人,定期获取利息并到期收回本金,但无权参与公司经营管理。债券体现债权、债务关系。

2. 风险小

由于债券具有规定的还本付息日并且其求偿权也位于股东之前,因此债券投资到期能够收回本金(或部分本金),其风险较股票投资小。特别是政府发行的债券,由于有国家财力做后盾,其本金的安全性非常高,通常视为无风险证券。

3. 收益稳定

债券投资的收益是按票面金额和票面利率计算的利息收入及债券转让的价差决定的,与发行公司的经营状况无关,因而其投资的收益比较稳定。

4. 债券价格的波动性较小

债券的市场价格尽管有一定的波动性,但由于上述原因,债券的价格不会偏离其价值太多,因此,其波动性相对较小。

5. 市场流动性好

许多债券具有较好的流动性,政府及大企业发行的债券一般都可在金融市场上迅速出售,流动性很好。

(二)债券价格的确定

投资者进行债券投资是为了在未来获取增值收入,即未来期间的利息收入及转让差价。因此,债券的价值应该是按投资者要求的必要收益率对未来的增值收入及到期收回(或中间转让)的本金的贴现值。由于债券利息的计算方法不同,债券价值的计算也就不同,目前主要有以下几种基本计算方法。

1. 债券价格确定的基本公式

典型的债券采用固定利率,每年计算并支付利息,到期归还本金。按照这种模式,债券价值计算的基本模型是:

$$P=I\cdot(P/A,K,n)+F\cdot(P/F,K,n)$$

式中,P——债券价格;

I——债券票面利息率;

F——债券面值;

I——每年利息;

K——市场利率或投资人要求的必要收益率;

n——付息总期数。

【例 4-11】 某债券面值为 1 000 元,票面利率为 10%,期限为 5 年,某企业要对这种债券进行投资,当前的市场利率为 12%,问:债券价格多少时才能进行投资?

【解析】 根据债券价格计算公式得:

$$\begin{aligned}P&=I\cdot(P/A,K,n)+F\cdot(P/F,K,n)\\&=1\ 000\times10\%\times(P/A,12\%,5)+1\ 000\cdot(P/F,12\%,5)\\&=927.5(\text{元})\end{aligned}$$

即这种债券的价格必须低于 927.5 元时,该投资者才能购买。

2. 一次还本付息且不计复利时债券价格确定的公式

我国目前发行的债券大多属于一次还本付息且不计复利的债券,其估价计算公式为:

$$P=\frac{F+I}{(1+K)^n}=\frac{F+F\cdot i\cdot n}{(1+K)^n}=(F+F\cdot n)(P/F,K,n)$$

公式中符号含义同前式。

【例 4-12】 某企业拟购买一种利随本清的企业债券,该债券面值为 1 000 元,期限 5 年,票面利率为 10%,不计复利,当前市场利率为 8%,该债券发行价格为多少时,企业才能购买?

【解析】 根据债券价格计算公式得

$$P=(F+F\cdot n)(P/F,K,n)=(1\ 000+1\ 000\times10\%\times5)(P/F,8\%,5)$$

$$=\frac{1\ 000+1\ 000\times10\%\times10\%\times5}{(1+8\%)^5}=1\ 020(\text{元})$$

即债券价格必须低于 1 020 元时，企业才能购买。

3. 贴现发行时债券价格确定的公式

有些债券以贴现方式发行，没有票面利率，到期按面值偿还。这些债券的估价模型为：

$$P=\frac{F}{(1+K)^n}=F\cdot(P/F,K,n)$$

公式中的符号含义同前式。

【例 4-13】 某债券面值为 1 000 元，期限为 5 年，以贴现方式发行，期内不计利息，到期按面值偿还，当时市场利率为 8%。其价格为多少时企业才能购买？

【解析】 根据债券价格计算公式得：

$$P=\frac{1\ 000}{(1+8\%)^5}=1\ 000\cdot(P/F,8\%,5)=681(\text{元})$$

该债券的价格只有低于 681 元时，企业才能购买。

（三）债券投资收益

债券投资收益包括两个部分：一部分为转让价差（即债券到期按债券面额收回的金额或到期前出售债券的价款与购买债券时投资金额之差，转让价差为正数时为收益，相反则为损失）；另一部分为利息收入。债券的收益水平通常用到期收益率来衡量。到期收益率是指以特定价格购买债券并持有到期所获得的收益率。它是使未来现金流量等于债券购入价格的贴现率。

（四）债券投资的风险

尽管债券的利率一般是固定的，债券投资仍然和其他投资一样是有风险的。风险与报酬是对应的：高风险意味着高报酬，低风险则意味着低报酬。债券投资要承担的风险主要有违约风险、利率风险、流动性风险、通货膨胀风险和汇率风险等。

1. 违约风险

违约风险是指发行公司无法按时向投资人支付债券利息和偿还本金的风险。财政部发行的国库券，由于有政府做担保，所以没有违约风险。除中央政府以外的地方政府和公司发行的债券则或多或少地有违约风险。因此，信用评估机构要对中央政府以外部门发行的债券进行评价,以反映其违约风险。不同种类的债券违约风险是不同的。

违约风险的大小通常通过对债券的信用评级表现出来,高信用等级的债券违约风险要比低信用等级的债券小。必要时,投资人也可以对发行债券企业的偿债能力直接进行分析。

2. 利率风险

债券的利率风险是指由于利率变动而使投资者遭受损失的风险。由于债券价格会随利率变动,即使没有违约风险的国库券,也会有利率风险。一般来说,债券价格与市场利率成反比变化,市场利率上升会引起债券市场价格下跌;市场利率下降会引起债券市场价格上升。

此外,债券利率风险与债券持有期限的长短密切相关,期限越长,利率风险也越高。因此,即使债券的利息收入是固定不变的,但因市场利率的变化,其投资收益也是不确定的。

3. 流动性风险

流动性风险是指债券持有人打算出售债券获取现金时,其所持债券不能按目前合理的市场价格在短期内出售而形成的风险,又称变现力风险。如果一种债券能在较短的时间内按市价大量出售,说明这种债券的流动性较强,投资于这种债券所承担的流动性风险较低;反之,如果一种债券很难按市价卖出,说明其流动性较差,投资者会因此而遭受损失。

4. 通货膨胀风险

通货膨胀风险是指由于通货膨胀而使债券到期或出售时所获得现金的购买力降低的风险。一般而言,在通货膨胀情况下,固定收益证券要比变动收益证券承受更高的通货膨胀风险,因此普通股票被认为比公司债券和其他有固定收益的证券能更好地避免通货膨胀风险。

5. 汇率风险

汇率风险是指由于外汇汇率的变动而给外币债券的投资者带来的风险。当投资者购买了某种外币债券时,本国货币与该外币的汇率变动会使投资者不能确定未来的本币收入。如果在债券到期时该外币贬值,就会使投资者遭受损失。

三、股票投资

(一)股票投资的特点

股票是股份公司为了筹集自有资金而发行的代表所有权的有价证券,购买股票是企业投资的一种重要形式。

股票投资和债券投资都属于证券投资,但股票投资相对于债券投资而言又具有以下特点。

1. 股票投资是权益性投资

股票投资与债券投资虽然都是证券投资,但投资的性质不同:股票投资属于权益性投资,股票是代表所有权的凭证,持有人作为发行公司的股东,有权参与公司的经营决策;而债券投资属于债权性投资,债券是代表债权债务的凭证,持有人作为发行公司的债权人,可以定期获取利息,但无权参与公司经营决策。

2. 股票投资的风险高

投资者购买股票之后,不能要求股份公司偿还本金,只能在证券市场上转让。因此股票投资者至少面临两方面的风险:

一是股票发行公司经营不善所形成的风险。如果公司经营状况较好,盈利能力强,则股票投资者的收益就多;如果公司的经营状况不佳,发生了亏损,就可能没有收益;如果公司破产,由于股东的求偿权位于债权人之后,因此股东可能部分甚至全部不能收回投资。

二是股票市场价格变动所形成的价差损失风险。股票价格的高低,除了取决于公司经营状况外,还受政治、经济、社会等多种因素的影响,因而股票价格经常处于变动之中,其变动幅度往往高于债券价格的变动幅度。

3. 股票投资收益高

由于投资的高风险性,股票作为一种收益不固定的证券,其收益一般高于债券。股票投资收益的高低取决于公司的盈利水平和整体经济环境的好坏。当公司经营状况好、盈利水平高而社会经济发展繁荣稳定时,股东既可以从发行公司领取高额股利,又可因股票升值获取转让收益。

4. 股票投资的收益不稳定

股票投资的收益主要是公司发放的股利和股票转让的价差收益,相对债券而言，其稳定性较差。股票股利直接与公司的经营状况相关，公司盈利多，就可能多发放股利，公司盈利少，就可能少发或不发股利；股票转让的价差收益主要取决于股票市场的行情，股市行情好，出售股票就可以得到较大的价差收益，股市低迷，出售股票将会遭受损失。

5. 股票价格的波动性大

股票价格既受发行公司经营状况影响，又受股市投机等因素的影响，波动性极大。这就决定了不宜冒险的资金最好不要用于股票投资，而应选择风险较低的债券投资。

(二)股票价格的确定

股票本身没有价值，仅是一种凭证。它之所以具有价格，可以买卖，是因为它能给持有人带来收益。一般说来，公司第一次发行股票时，要规定发行总额和每股金额，一旦股票发行后上市买卖，股票价格就与原来的面值分离。这时的价格主要由预期股利和当时的市场利率决定，此外股票价格还受经济环境变化和投资者心理等复杂因素的影响。

1. 股票估价的基本模型

股票的价值是指股票期望提供的所有未来收益的现值。股票带给持有者的现金流入包括两部分：股利收入和出售时的资本利得。

股票估价的基本公式为：

$$V=\frac{D_1}{(1+R_S)}+\frac{D_2}{(1+R_S)^2}+\cdots\cdots+\frac{D_n}{(1+R_S)^n}+\cdots\cdots=\sum_{t=1}^{\infty}\frac{D_t}{(1+R_S)^t}$$

式中，D_t——第 t 年的股利；

R_S——贴现率，即必要的收益率；

t——年份。

该公式在实际应用时，面临以下两个主要问题：

①如何预计未来每年的股利。股利的多少，取决于每股盈利和股利支付率两个因素，可按对历史资料的统计分析进行估计，股票估价的基本模型要求无限期地预计每年的股利，实际上不可能做到。因此应用的模型都是各种简化办法，如每年股利相同或固定比率增长等。

②如何确定贴现率。贴现率的主要作用是把所有未来不同时间的现金流入折

算为现在的价值。贴现率应为投资者要求的报酬率。

2. 股票估价的扩展模型

(1)零成长股票的估价模型。该模型假设未来股利不变,其支付过程是一个永续年金,则股票价值为:

$$V=\frac{D}{R_S}$$

【例 4-14】 某企业购入一种股票准备长期持有,预计每年股利 2 元,预期收益率为 16%。要求:计算该种股票的价值。

【解析】 该种股票的价值为:

$$V=\frac{D}{R_S}=\frac{2}{16\%}=12.5(元)$$

这就是说该股票每年给你带来 2 元的收益,在市场利率为 16%的条件下,它相当于 12.5 元资本的收益,所以其价值是 12.5 元。当然,市场上的股价不一定就是 12.5 元,可能高于或低于 12.5 元,这要看投资人对风险的态度。

(2)固定成长股票的估价模型。该模型假设未来股利以固定的增长率逐年增加,则股票价值为:

$$V=\sum_{t=1}^{\infty}\frac{D_t}{(1+R_S)^t}=\sum_{t=1}^{\infty}\frac{D_o(1+g)^t}{(1+R_S)^t}$$

当 g 为常数,并且 $R_S>g$ 时,上式可简化为:

$$V=\frac{D_t}{R_S-g}=\frac{D_o(1+g)}{R_S-g}$$

式中,D_t——预期第一年的股利;

D_o——最近一年支付的股利;

g——预期股利增长率。

将上述公式进行变换,可计算预期收益率,即:

$$R=\frac{D_t}{V}+g$$

【例 4-15】 力洁公司准备投资购买东方股份有限公司的股票,该股票上年每股股利为 2 元,预计以后每年以 4%的增长率增长,力洁公司经分析认为必须得到 10%的报酬率,才能购买东方公司的股票。要求:计算该股票的价值。

【解析】 该种股票的价值为:

$$V=\frac{D_t}{R_S-g}=\frac{2\times(1+4\%)}{10\%-4\%}\approx 34.67(\text{元})$$

即东方股份有限公司的股票价格在34.67元以下时，力洁公司才能购买。

（三）股票投资的收益

投资者进行股票投资的目的是最终取得投资收益，投资收益又因发行公司的未来获利情况和股价变动情况而变动。股票的收益水平通常用股票投资收益率来衡量。

1. 股票收益率计算的基本公式

股票投资收益率应为该股票投资收益净现值为零时的贴现率。在各年股利不等的情况下，其基本计算公式为：

$$V=\sum_{j=1}^{n}\frac{D_j}{(1+i)^j}+\frac{F}{(1+i)^n}$$

式中，V——股票的购买价格；

F——股票的出售价格；

D——第 j 年股利；

n——投资期限；

i——股票投资收益率。

【例4-16】 利华公司在2013年4月1日投资510万元购买某种股票100万股，在2012年、2013年和2014年的3月31日每股各分得现金股利0.5元、0.6元和0.8元，并于2014年3月31日以每股6元的价格将股票全部出售，试计算该项投资的投资收益率。

【解析】

$$V=\sum_{j=1}^{n}\frac{D_j}{(1+i)^j}+\frac{F}{(1+i)^n}$$

采用逐次测试法进行测试，逐次测试的结果如表4-10所示。

表4-10 测试表 单位：万元

时间	股利及出售股票的现金流量	测试1（$i=20\%$）		测试2（$i=18\%$）		测试3（$i=16\%$）	
		系数	现值	系数	现值	系数	现值
2012年	50	0.8333	41.67	0.8475	42.38	0.8621	43.11

续 表

时间	股利及出售股票的现金流量	测试 1($i=20\%$)		测试 2($i=18\%$)		测试 3($i=16\%$)	
		系数	现值	系数	现值	系数	现值
2013 年	60	0.6 944	41.66	0.7 182	43.09	0.7 432	44.59
2014 年	680	0.5 787	393.52	0.6 086	413.85	0.6 407	435.68
合计	—	-	476.85	-	499.32	-	523.38

在表 4-10 中,先按 20%的收益率进行测算,得到现值为 476.85 万元,比原来的投资额 510 万元少,说明实际收益率低于 20%;于是把收益率调到 18%,进行第二次测算,得到的现值为 499.32 万元,还比 510 万元少,说明实际收益率比 18%还要低;于是再把收益率调到 16%进行第三次测算,得到的现值为 523.38 万元,比 510 万元多,说明实际收益率要比 16%高,即我们要求的收益率在 16%~18%之间。

然后,采用内插法计算投资收益率。

$$R=16\%+\frac{523.38-510}{523.38-499.32}\times(18\%-16\%)=17.11\%$$

2. 股票收益率计算的扩展公式

对于零成长股票,股票价值为:

$$V=\frac{D}{R_S}$$

则:

$$R=\frac{D}{V}$$

对于固定成长股票,股票价值为:

$$V=\frac{D_t}{R_S-g}$$

则:

$$R=\frac{D_t}{V}+g$$

四、基金投资

(一)基金的概念

基金是一种利益共享、风险共担的集中证券投资方式,即通过发行基金单位,集中投资者的资金，由基金托管人托管，由基金管理人管理和运用资金，从事股票、债券等金融工具投资，并把投资收益按基金投资者的投资比例进行分配的一种间接投资方式。

基金是一种积少成多的整合投资方式，即投资者把资金委托给基金管理人管理，基金管理人根据法律、法规、基金契约规定的投资原则和投资组合的原理，进行分散投资，以达到分散投资风险，并兼顾资金的流动性、安全性和盈利性的目的。基金与股票、债券存在明显的差异，表现在以下三个方面。

1. 反映的关系不同

股票反映的是所有权关系，债券体现债权债务关系，而基金反映的是基金持有人与管理人之间的委托代理关系。

2. 筹集的投向不同

股票和债券所筹集的资金大部分流向实业，而基金的主要投向是包括股票、债券在内的各种有价证券。

3. 风险水平不同

债券的直接收益取决于事先确定的债券利率，投资风险较低；股票的直接收益取决于公司的经营效益，不确定性大，投资风险也较高；而基金主要投资于有价证券，具有规模优势，投资方式灵活多样，因而基金的收益可能高于债券而投资风险又可能低于股票。对那些资金不多，或没有时间精力或缺乏证券投资专门知识的投资者而言，是很好的投资选择。

(二)基金的分类

1. 按基金的组织形式不同，可分为契约型基金和公司型基金

(1)契约型基金。契约型基金又称为单位信托基金，把投资者、管理人、基金托管人作为基金的当事人，通过签订基金契约的形式发行受益凭证而设立的一种基金。契约型基金是基于契约原理而组织起来的代理投资行为，没有基金章程，也没有公司董事会，而是通过基金契约来规范三方当事人的行为。

(2)公司型基金。公司型基金是以公司形态组建的，以发行股份的方式筹集资金，一般投资者为认购基金而购买该公司的股份，也就成为该公司的股东，享有股东的基本权利和义务。

2. 按基金可否自由赎回，可分为封闭式基金和开放式基金

(1)封闭式基金。封闭式基金是指基金发起人在设立基金时，限制了基金的发行总额，筹集到这个总额后，基金即宣告成立，并进行封闭，不再接受新的投资，投资者日后买卖基金，都必须通过证券交易所在二级市场上竞价交易。另外，封闭式基金一般在成立之初就设定了存续期，存续期满即为基金终止。我国现有33只封闭式基金，存续期多为15年，也有10年的。

(2)开放式基金。开放式基金是指基金发起人在设立基金时，不固定基金单位总数，可视投资者需求追加发行。投资者可以根据市场状况和各自的投资决策，或要求发行机构赎回基金或增持基金单位份额。与封闭式基金相比，开放式基金没有固定的存续期，发行规模不受限制，可要求发行机构赎回等。

(三)基金的价值分析

在对基金价值进行评价前，必须明确一个重要的概念，即基金资产净值。基金资产净值是指某一时点上某一投资基金每份基金单位实际代表的价值，是基金单位价格的内在价值。基金资产净值是衡量一个基金经营好坏的主要指标，也是基金交易价格的计算依据。一般情况下基金单位价格与资产净值趋于一致，即随着资产净值的增长，基金价格也将随之提高。

基金资产净值的计算包括基金资产净值和单位资产净值的计算，其中基金资产净值=基金资产总值-基金负债总值，基金单位资产净值=基金资产净值/已售出基金单位总数。基金资产总值包括基金投资资产组合的所有内容，具体如下：

①基金拥有的已上市的股票、认股权证和债券。(以计算日或最近集中交易市场的收盘价为准)

②所拥有的未上市的股票、认股权证。(以有资格的会计师事务所或资产评估机构测算为准)

③所拥有的未上市债券。(以债券面值加上至计算日时的应收利息为准)

④所拥有的短期票据。(以买进成本加上自买进日起至计算日止的应收利息)

⑤现金与相当于现金的资产，包括存放在其他金融机构的存款。

⑥有可能无法收回的资产及有负债所提留的准备金。

⑦已订立契约但尚未履行的资产。

基金负债总额包括：

①依基金契约规定的至计算日止的托管人或管理人应付未付的报酬；

②其他应付款等。

五、证券组合投资

(一)证券组合投资的意义

证券组合是指在进行证券投资时,不是将所有的资金都投向单一的某种证券,而是有选择地投向一组证券①。这种同时投资多种证券的做法叫证券组合投资。

人们进行证券投资的直接动机就是获得投资收益,所以投资决策的目标就是使投资收益最大化。由于投资收益受许多不确定性因素影响,投资者在做投资决策时只能根据经验和所掌握的资料对未来的收益进行估计。因为不确定性因素的存在,有可能使将来得到的投资收益偏离原来的预期,甚至可能发生亏损,这就是证券投资的风险。因此人们在进行证券投资时,总是希望尽可能减少风险,增加收益。通过有效地进行证券投资组合,便可消减证券风险,达到降低风险的目的。

(二)证券组合投资的风险与收益率

1. 证券投资的风险

证券投资理论旨在探索如何通过有效的方法消除投资风险。证券组合投资的风险可以分为两种性质完全不同的风险,即非系统性风险和系统性风险。

(1)非系统性风险。非系统性风险又叫可分散风险或公司特有风险,是指来自公司的个别因素导致某个公司股票收益损失的可能性。如公司新产品试制失败,工人罢工等。这种风险可以通过证券持有的多样化来抵消。

当代证券组合理论认为,若干种股票组成的投资组合,其收益是这些股票收益的加权平均数,但是其风险不是这些股票风险的加权平均风险,故投资组合能降低风险。

(2)系统性风险。系统风险又叫市场风险、不可分散风险,是源于公司之外的因素,使所有公司都受其影响,导致整个股市平均报酬率变动,如通货膨胀、经济衰退、战争、自然灾害等。面对这类风险,投资者无论购买哪种股票都无法避免,不能用多样化投资来分散,而只能靠更高的报酬率来补偿。投资者所冒市场风险越大,

① 高媛,王竞梅. 浅议证券投资组合[J]. 工业技术经济,2001(6):81-82.

所要求的报酬率就越高。不可分散风险的程度通常用β系数来计量。

投资者进行证券组合投资,正是为了分散可分散的风险。实践证明,只要科学地选择足够多的证券进行组合投资,就能基本分散大部分可分散的风险。简而言之,就是不要把全部资金都投资于一种证券,而应根据各种证券的具体情况和投资者本人对收益与风险的偏好选择若干种最理想的证券作为投资对象,形成一个投资组合。

2. 证券组合投资的收益率

投资者进行证券组合投资与进行单项投资一样,都要求对承担的风险进行补偿,股票的风险越大,要求的收益率就越高。但是,与单项投资不同,证券组合投资要求补偿的风险只是不可分散风险,而不要求对可分散风险进行补偿。

如果有可分散风险的补偿存在,善于科学地进行投资组合的投资者将购买这部分股票,并抬高其价格,其最后的收益率只反映不能分散的风险。因此,证券组合的风险收益是投资者因承担不可分散风险而要求的,超过时间价值的那部分额外收益。

可用下列公式计算:

$$R_P=\beta_p\cdot(K_m-R_f)$$

式中,R_p——证券组合的风险收益率;

R_F——无风险收益率,一般用政府公债的利息率来衡量;

K_m——所有股票或所有证券的平均收益率,简称市场收益率;

β_p——证券组合的β系数。

【例4-17】 力洁公司持有由A、B、C三种股票构成的证券组合,它们的β系数分别是2.0、1.0和0.5,它们在证券组合中所占的比重分别为60%、30%和10%,股票的市场收益率为14%,无风险收益率为10%,试确定这种证券组合的风险收益率。

【解析】

确定证券组合的β系数

$$\beta_p=\Sigma X_i\cdot\beta_i=60\%\times2.0+30\%\times1.0+10\%\times0.5=1.55$$

计算该证券组合的风险收益率

$$R_p=\beta_p\cdot(K_m-R_F)=1.55\times(14\%-10\%)=6.2\%$$

当然,计算出风险收益率后,便可根据投资额和风险收益率计算出风险收益的数额。从以上计算中可以看出,在其他因素不变的情况下,风险收益取决于证券组合的β系数,β系数越大,风险收益就越高;反之则相反。

3. 风险和收益率的关系

在西方金融学和财务管理学中,有许多模型论述风险和收益率的关系,其中一个最重要的模型为资本资产定价模型(CAPM),这一模型为:

$$K_i = R_F + \beta_i \cdot (K_m - R_f)$$

式中,K_i——第i种股票或第i种证券组合的必要收益率;

R_f——无风险收益率;

K_m——所有股票或所有证券的平均收益率;

β_i——第i种或第i种证券组合的β系数。

【例 4-18】 顺达公司股票的β系数为 2.0,无风险利率为 6%,市场上所有股票的平均收益率为 10%。要求:计算该公司股票的收益率。

【解析】

$$K_i = R_F + \beta_i \cdot (K_m - R_F) = 6\% + 2.0 \times (10\% - 6\%)$$
$$= 14\%$$

也就是说,顺达公司股票的收益率达到或超过 14%时,投资方才肯进行投资。如果低于 14%,则投资者不会购买顺达公司的股票。

(三)证券组合投资的策略

证券组合投资策略是投资者根据市场上各种证券的具体情况以及投资者对风险的偏好与承受能力,选择相应证券进行组合时所采用的方针。常见的证券投资组合策略有以下几种。

1. 保守型的投资组合策略

该组合策略要求尽量模拟证券市场现状(无论是证券种类还是各证券的比重),将尽可能多的证券包括进来,以便分散全部可避免的风险,从而得到与市场平均报酬率相同的投资报酬率。

这种投资组合是一种比较典型的保守型投资组合策略,其所承担的风险与市场风险相近。保守型投资组合策略基本上能分散可避免的风险,但所得到的收益也不会高于证券市场的平均收益。

2. 冒险的投资组合策略

该组合策略要求尽可能多选择一些成长性较好的股票,而少选择低风险、低报酬率的股票,这样就可以使投资组合的收益高于证券市场的平均收益。这种组合的收益高,风险也高于证券市场的平均风险。

采用这种投资组合,如果做得好,可以取得远远超过市场平均报酬的投资收益,但如果失败,会发生较大的损失。

3. 适中的投资组合策略

该组合策略认为,股票的价格主要由企业的经营业绩决定,只要企业的经济效益好,股票的价格终究会体现其优良的业绩。所以在进行股票投资时,要全面深入地进行证券投资分析,选择一些品质优良的股票组成投资组合,如果做得好,就可以获得较高的投资收益,而又不会承担太高的投资风险。

(四)证券组合投资的具体方法

证券投资是一个充满风险的投资领域,由于风险的复杂性和多样性,投资者进行投资时必须防范风险。没有风险的证券投资是不存在的,而防范风险的最有效方法就是进行证券投资组合,以分散全部可分散的风险。常用的证券投资组合方法主要有以下几种。

1. 投资组合的三分法

比较流行的投资组合三分法是:三分之一的资金存入银行,以备不时之需;三分之一的资金投资于债券、股票等有价证券;三分之一的资金投资于房地产等不动产。

同样,投资于有价证券的资金也要进行三分,即三分之一投资于风险较高、有发展前景的成长性股票;三分之一投资于安全性较高的债券或优先股等有价证券;三分之一投资于中等风险的有价证券。

2. 按风险等级和报酬高低进行投资组合

证券的风险高低可以分为不同的等级,收益也有高低之分。投资者可以测定出自己期望的投资收益率和所能承受的风险程度,然后在市场中选择相应风险和收益的证券作为投资组合。

一般来说,在选择证券进行投资组合时,同等风险的证券应尽可能选择报酬率高的;同等报酬率的证券应尽可能选择风险低的;并且要选择一些风险呈负相关的证券进行投资组合。

3. 选择不同的行业、区域和市场的证券作为投资组合

这种投资组合的做法是：

①尽可能选择足够数量的证券进行投资组合，这样可以分散掉大部分可分散的风险；

②选择证券的行业也应分散，不可集中投资于同一个行业的证券；

③选择证券的区域也应尽可能分散，这是为了避免因地区市场衰退而使投资遭受重大损失；

④将资金分散投资于不同的证券市场，这样可以防范同一证券市场的可分散风险。

4. 选择不同期限的投资进行组合

这种投资组合要求投资者根据未来的现金流量安排各种不同投资期限的证券，进行长、中、短期相结合的投资组合。同时，投资者可以根据可用资金的期限来安排投资，长期不用的资金可以进行长期投资，以获取较高的投资收益，近期可能要使用的资金，最好投资于风险较低、易于变现的有价证券。

第五章　营运资金管理

第一节　货币资金的管理

货币资金是流动资产的一种,是以货币形态存在的资产,按其存放地点和用途不同,主要包括库存现金、银行存款和其他货币资金。

一、货币资金的特点

1. 流动性强

在企业经济活动中,有一大部分经营业务涉及货币资金的收支,也就是货币资金在企业持续经营过程中随时有增减的变化;货币资金是企业流动性最强、控制风险最高的资产,是企业生存与发展的基础。大多数贪污、诈骗、挪用公款等违法乱纪的行为都与货币资金有关,因此,必须加强对企业货币资金的管理和控制,建立健全货币资金内部控制,确保经营管理活动合法而有效。

2. 收支频繁

企业的产品销售、成本、费用支出大多与货币资金有关,因此,货币资金的取得与支出是比较频繁的。

3. 资金数额大小与企业规模有关

一般来讲,规模大的企业,其货币资金收支的数额较大,收支也较频繁;规模小的企业,其货币资金收支的数额也较小。

二、货币资金的持有动机

1. 交易动机

交易动机是指用来满足日常业务的现金支出需要,如购买原材料、支付工资、缴纳税款、偿付到期债务、派发现金股利等。企业为满足交易动机所持有的现金余额主要取决于企业销售水平。

2. 预防动机

预防动机是指用来应付意外事件发生对现金支出的需要,如生产事故、坏账、自然灾害等。预防性现金数额的多少,取决于企业对未来现金流量预测的准确程度和企业的借款能力。

3. 投机动机

投机动机是指用于从事投机活动并从中获利的现金需要,如遇到廉价原材料或其他资产供应的机会,再比如在适当时机购入价格有利的股票和其他有价证券。投机动机现金持有量的大小往往与企业在金融市场的投资机会及企业对待风险的态度有关。

4. 其他动机

其他动机是指为满足将来某一特定的需要或为在银行维持补偿性余额等其他因素的需要。

三、现金的成本

狭义的现金是指企业的库存现金,但财务管理上所讲的现金往往是指企业的货币资金。现金作为企业资产,其成本包括持有成本、转换成本和短缺成本。

1. 持有成本

持有成本是指企业因保留一定的现金余额而发生的管理费用及丧失的再投资收益,包括管理成本和机会成本。如支付给现金管理人员的工资和安全措施费用等,在一定范围内与现金持有量的多少关系不大,具有固定成本的性质。因持有现金而丧失的再投资收益,具有变动成本性质,与现金持有量的多少密切相关。

2. 转换成本

转换成本是指用现金购买有价证券以及转让有价证券换取现金时付出的代价,如委托买卖佣金、手续费、过户费和交割手续费等。

3. 短缺成本

短缺成本是指现金持有量不足而又无法及时得到补充而给企业造成的损失,如不能及时支付材料款而停工,待料期间给企业造成的经济损失。现金短缺成本与现金持有量呈负相关关系。

四、现金管理

(一)现金管理的目标

1. 保证企业日常生产经营活动和管理活动所需资金

企业的生存离不开资金,更离不开现金,购买材料、工资支付、办公费用的支出、水电费的支付、设备的维护修理等都离不开现金。此外,企业到期的各项应付款项的支付、到期债务的偿还也需要现金。因此,现金管理的首要目的是保证企业日常生产经营活动和管理活动的需要。

2. 降低资金成本,提高使用效益

企业持有资金的最终目的是获利,而企业持有现金的获利能力是最低的,过多地持有现金会降低企业的资金使用效益,因此,为了提高资金的使用效益,企业要合理确定现金的持有量,节约使用,降低资金成本,提高资金使用效益。

(二)现金管理的内容

1. 建立现金内部控制制度

建立现金内部管理控制制度,以保证现金的安全与完整。

一般而言,一个良好的现金内部控制制度应当包括以下内部会计控制要点:①现金收支与记账岗位分离;②现金收入、支出要有合理、合法的凭据;③全部收支及时准确入账,并且支出要有核准手续;④控制现金坐支,当日收入现金应及时送存银行;⑤定期盘点现金,做到账实相符。其中现金收支与记账的岗位分离是现金业务内部会计控制制度的基本要求。

2. 现金的日常收支管理

(1)现金收入管理。企业现金收入业务主要是企业通过销售商品或提供劳务等方式取得货币资金的业务。该项业务主要有两种情形:一种是企业当期销售业务收回的货币资金和收回前期应收的款项;另一种是企业不经常发生的货币资金收入业务,包括通过发行、出售或转让有价证券而取得的收入。现金收入内部控制应做好以下几点:

①现金收入必须经过规定的程序,并附上相应的凭证。

②收款经办人只负责收款业务,应避免执行其他业务。

③收款经办人不能制作现金收入凭证。现金收入管理的重点是尽快收回资金,缩短收款时间,加速现金周转,为此,企业应根据成本与收益比较原则,选用适当的方法加速账款收回,使应收款项尽早入账。

(2)现金支出管理。企业现金支出的业务涉及的范围很广,主要包括:各项资产的购入、绝大多数费用的开支、向投资者支付的股息以及向国家缴纳各种税款等。

现金支付业务应当按照规定的程序进行,主要步骤如下:

①申请支付。有关部门或个人用款时,应当提前向审批人提交现金支付申请,并填制相应的统一印制的申请表格或自制表格,表格中应注明用款人、款项的用途、本次支取金额、费用预算总额、支付方式(现金或银行结算)等内容,并附上有效经济合同或相关证明。

②审批支付。审批人根据其职责、权限和相应程序对支付申请进行审批。对不符合规定的货币资金支付,审批人应当拒绝批准或令其按规定改正后重新审批。对于进行中的业务执行用途的经济合同原件或相关证明文件,可在审批后以复制件代替原件作为审批的依据。

③复核支付。复核人应当对批准后的货币资金支付申请进行复核,复核货币资金支付申请的批准程序是否正确、手续及相关单证是否齐备、金额计算是否准确、支付方式是否妥当等。复核无误后,交由出纳人员办理支付手续。对经复核有误的支付申请,复核人有权要求审批人重新进行审批。出纳人员不得办理未经复核的支付申请或复核人不同意的支付申请。

④办理支付。出纳人员应当根据经审批、复核无误的支付申请,按《现金管理暂行条例》和《银行结算办法》的相关规定办理货币资金支付手续,对于违反上述规定要求的,出纳人员有权拒绝办理。出纳人员可根据本单位的职责分工及时登记现金和银行存款出纳簿或日记账册。

3. 加强现金收支预算管理

现金收支对财务状况有直接影响,企业应十分重视对现金收支的管理,其有效的方法是进行预算管理。现金收支预算管理的目的在于及时平衡现金收支,经常保持与生产经营活动相适应的合理的现金流量,提高现金使用效率。为达到这一目的,企业在日常管理中还应当注意做好以下几方面的工作。

(1)力争现金流量同步。如果企业能尽量使现金流入与现金流出发生的时间趋于一致,就可以使其所持有的交易性现金余额降到最低水平,这就是所谓现金流量同步。

(2)使用现金浮游量。从企业开出支票到收票人收到支票并存入银行再到银行将款项划出企业账户,这一过程需要一段时间。现金在这段时间的占用称为现金浮游量。在这段时间里,尽管企业已开出了支票,却仍可动用在活期存款账户上的这笔资金。不过,在使用现金浮游量时,一定要控制好使用时间,否则会发生银行存款透支。

(3)加速收款。加速收款主要指缩短应收账款的占用时间。发生应收款会增加企业资金的占用,但它又是必要的。因为它可以扩大销售规模,增加销售收入。问题在于如何既利用应收款项吸引顾客又缩短收款时间,这要在两者之间找到适当的平衡点,并需实施妥善的收账策略。

(4)推迟应付款项的支付。推迟应付款项的支付是指企业在不影响自己信誉的前提下尽可能地推迟应付款的支付期,充分运用供货方所提供的信用优惠。如遇企业急需现金,甚至可以放弃供货方的现金折扣优惠,在信用期的最后一天支付款项。当然,这要权衡折扣优惠与急需现金之间的利弊得失而定。

4. 现金持有量的测算

(1)因素分析模式。因素分析模式是根据上年现金占用额和有关因素的变动情况,来确定最佳现金余额的方法。最佳现金余额计算公式为:

最佳现金余额=(上年现金平均占用额-不合理占用额)×(1+预计销售收入变动率)

【例 5-1】 某企业 2013 年平均占用现金 1 500 万元,50 万元为不合理占用,2014 年销售收入预计较 2013 年增长 10%,则 2014 年最佳现金余额为:

$$\text{最佳现金余额}=(1\ 500-50)\times(1+10\%)=1\ 595(\text{万元})$$

(2)现金周转模式。在现金周转模式下,其最佳现金余额计算公式为:

$$\text{最佳现金余额}=\frac{\text{年现金需求总量}}{\text{现金周转率}}$$

$$\text{现金周转率}=\frac{360}{\text{现金周转期}}$$

现金周转期=应收账款周转期-应付账款周转期+存货周转期

【例 5-2】 某企业的材料采购和产品销售都采用赊销方式，其应收账款的周转期为 50 天，应付账款的周转期为 40 天，存货的周转期 50 天。预计该企业 2014 年的现金需求总量为 1 500 万元，则采用现金周转模式确定该企业 2014 年的最佳现金持有量为：

$$现金周转率 = 360/(50-40+50) = 60$$

$$最佳现金余额 = 1\ 500/60 = 25\ 万元$$

(3) 成本分析模式。成本分析模式是通过分析持有现金的成本，确定持有现金成本最低那个现金持有量为最佳现金持有量。

机会成本又称为投资成本，企业的现金持有量越大，所丧失的投资于其他领域的收益也就越高，其机会成本也就越高。企业为了正常经营活动，拥有一定数量的现金并为此付出机会成本是必要的，但过多持有现金，付出不必要的机会成本就不合算了。现金持有量在一定范围之内变化时，其管理成本是固定不变的。现金的短缺成本随现金持有量的增加而降低，随现金持有量的减少而升高。

【例 5-3】 某企业现有 A、B、C、D 四种现金持有方案，有关成本资料如表 5-1 所示。要求：确定最佳现金持有量。根据现金持有方案表编制的最佳现金持有量测算表如表 5-2 所示。

表 5-1　现金持有方案表　　　　单位：元

项目	A	B	C	D
现金持有量	10 000	20 000	30 000	40 000
转换成本率	10%	10%	10%	10%
持有成本	1 800	1 800	1 800	1 800
短缺成本	4 200	3 200	900	0

表 5-2　最佳现金持有量测算表　　　　单位：元

方案	现金持有量	转换成本	持有成本	短缺成本	总成本
A	10 000	1 000	1 800	4 200	7 000
B	20 000	2 000	1 800	3 200	7 000
C	30 000	3 000	1 800	900	5 700
D	40 000	4 000	1 800	0	5 800

通过表 5-2 中各方案的总成本可知，C 方案的总成本最低，即当企业持有30 000 元现金时，各方面的综合代价是最低的，因此，30 000 元为最佳现金持有量。

第二节　应收账款的管理

在激烈的市场竞争中，企业为了扩大销售，也会把赊销作为营销的手段，而应收账款正是企业采用赊销方式销售商品或提供劳务而形成的款项。作为企业营运资金的重要组成内容，应收账款管理直接影响企业营运资金的周转和经济效益。如何监控应收账款发生以及如何处理企业的不良债权等问题，已经成为企业财务管理中不容回避的一个重大课题。

一、应收账款的功能

1. 增加销售收入，扩大市场占有率

商品销售结算的方式有现金销售和赊账销售两种，现金销售是物流与资金流同步进行的，购买方在支付现金的同时获取所购商品，而赊销则是购买方在获得商品时并未同时支付现金，即销售方在提供商品的同时，还提供了一定时间内免费使用的资金，因此，购买方更愿意接受赊销。

在激烈竞争的市场经济中，赊销成为企业促进销售、增加销售收入、扩大市场占有率的主要竞争手段。如在家电行业，生产厂家除发动“价格战”争夺顾客以外，还通过赊销方式争夺批发商和零售商。

2. 减少存货，压缩库存

企业库存商品，需要一定的管理费用。如果将产品转化为应收账款可以减少管理费用的支出，加速存货的周转，提高资金的使用效率。而且，有些行业产品更新换代非常快，如不及时销售，日后就有可能变得一文不值。

在日益激烈的市场竞争中，由于有些企业盲目采用赊销政策，加上自身管理不到位，再加上有些企业缺乏诚信，故意拖欠账款，造成应收账款不断增长，居高不下，给企业资金管理埋下了巨大的隐患。

二、应收账款管理不力对企业的影响

1. 降低企业资金使用效率,使企业效益下降

如果应收账款占用了大量的流动资金,这些资金将沉淀在非生产环节上,会使企业生产经营资金短缺,如果不能按时收回,将影响企业资金循环和周转,赊销所带来的产品销售利润增加不足以弥补应收账款的成本,进而导致企业实际经营状况被掩盖,无法实现既定的效益目标。

1. 夸大了企业经营成果,存在潜在风险

企业会计制度规定,当期赊销部分全部记入当期收入,形成企业的账面利润。应收账款如果收不回来即成为坏账,如果实际发生的坏账损失超过提取的坏账准备,会给企业带来很大的损失。赊销虽然能使企业增加销售量,提高销售利润,但是并未真正使企业现金流入量增加,在超过赊销期限仍未收回账款时,反而会使企业不得不运用有限的流动资金来垫付因赊销而产生的各种税金和费用。如果应收账款不能收回,最终形成坏账,则垫支在税金及费用的资金也不能得到补偿。

另外,应收账款的管理成本、应收账款的回收成本都会加速企业现金流出。因此,企业应收账款的大量存在,在一定程度上夸大了企业经营成果,增加了企业的风险成本。

逾期应收账款对企业的危害直接体现在坏账风险上,据统计逾期应收账款在一年以上的,其追债成功率在 50% 以下,而在我国企业逾期应收账款的比例比较高。应收账款管理不力造成许多企业包括一些经营状况良好的上市公司经常出现有利润、无资金,账面状况不错却资金匮乏的状况。

三、应收账款的成本

企业占用在应收账款上的资金会发生各项成本,主要包括以下几个方面:

①机会成本,是指企业的资金因投放于应收账款而必须放弃其他投资机会所丧失的收益;

②管理成本,是指企业因管理应收账款而发生的各项费用,如对客户的资信调查费用、收集相关信息的费用、账簿的记录费用、收账费用及其他费用;

③坏账成本,是指企业的应收账款因故不能收回而发生的损失;

④折扣成本,是指企业为客户提供现金折扣而少收回的货款。

四、应收账款的管理

(一)应收账款管理的目标

应收账款是一把双刃剑,一方面通过扩大销售增加企业收益,另一方面也会增加企业成本。企业应权衡其收益和成本,只有收益高于成本时,才给予赊销。

为此企业在应收账款管理上应制定合理的信用政策,强化应收账款的日常管理,尽量避免坏账的发生。

(二)应收账款的信用政策

应收账款的信用政策内容包括信用标准、信用条件和收账政策。

1. 信用标准

信用标准是指客户获取企业的商业信用所应具备的最低条件。过严的信用标准有利于降低违约风险及收账费用,减少应收账款机会成本,但同时会使许多客户因信用品质达不到所设定的标准而被拒于企业商业信用之外,从而会影响企业市场竞争能力的提高和销售收入的扩大。

过宽的信用标准,虽然有利于扩大销售,提高市场竞争力和市场占有率,但同时却要冒较大的坏账损失风险,支付较高的收账费用,增加应收账款的机会成本。赊销如同银行给客户贷款,对客户进行审核与控制是非常必要的。对客户进行审核与控制通常利用“五 C”评估法。该方法从五个方面来评价客户,因其英文的第一个字母都是 C,所以简称“五 C”评估法。

(1)信用品质(Character)。信用品质即客户的信誉,是指客户履行偿债义务或赖账的可能性,是决定是否给予客户信用的首要因素。

(2)偿付能力(Capacity)。偿付能力即客户的偿债能力,其高低主要取决于企业的资产,特别是流动资产的数量、变现能力及其与流动负债的关系。

(3)资本(Capital)。资本指客户的经济实力与财务状况,是客户偿付债务的最终保证。

(4)抵押品(Collateral)。抵押品是指客户为获取商业信用而向企业提供的作为担保的资产。

(5)条件(Condition)。条件是指经济发展趋势或某些不利经济环境对客户偿付能力产生的影响。

2. 信用条件

信用条件是要求顾客支付赊销款项的条件,主要包括信用期限和现金折扣。

(1)信用期限。信用期限即给予客户付款的信用持续期间。企业适当延长信用期间,对扩大销售具有刺激作用,可能为企业带来较高的收益,但也会影响企业资金周转和利用效率,丧失再投资获利的好处,还会提高坏账损失风险。缩短信用期,可能会使销售收入下降。确定信用期的方法主要是用信用期内的边际收益与其边际成本进行比较,若边际收益大于边际成本就可以延长信用期。

【例 5-4】 某企业销售甲产品,现信用期为 30 天,拟延长至 60 天,企业资金成本为 15%,有关资料如表 5-3 所示。

表 5-3　某企业信用期资料

项目＼信用期	30 天	60 天
销售量(件)	60 000	70 000
销售收入(单价 10 元)	600 000	700 000
销售成本:		
变动成本(6 元/件)	360 000	420 000
固定成本	100 000	100 000
毛利	140 000	180 000
预计收账费用	50 000	100 000
预计坏账损失	10 000	40 000

收益的增加=销量的增加×单位边际贡献

=销量的增加×(单位销售收入-单位变动成本)

=(70 000-60 000)×(10-6)

=40 000(元)

应收账款占用资金应计利息的增加:

应收账款应计利息=应收账款占用资金×资本成本应收账款占用资金=应收账款平均余额×变动成本率

30 天信用期应计利息 = 600 000×30/360×360 000/600 000×15% = 4 500(元)

60 天信用期应计利息 = 700 000×30/360×420 000/700 000×15% = 10 500(元)

利息支出增加额 = 10 500-4 500 = 6 000(元)

收账费用增加额 = 10 000-5 000 = 5 000(元)

坏账损失增加额 = 4 000-1 000 = 3 000(元)

改变信用期的净收益 = 40 000-6 000-5 000-3 000 = 26 000(元)

由于收益的增加大于成本费用的增加,所以要改变信用期,使企业获得更大的收益。

(2)现金折扣。现金折扣是指企业对顾客在折扣期内付款所做的商品价格上的扣减,向顾客提供这种价格上的优惠,主要目的在于吸引客户为享受优惠而提前付款,缩短企业的平均收款期。

为客户提供现金折扣会减少应收账款占用资金的利息支出,减少收账费用和坏账损失,但是,由于客户提前付款享受折扣,企业会减少部分收入,企业必须在减少的支出与减少的收入间进行比较分析,只有当减少的支出大于减少的收入时采用现金折扣政策才是可取的。

2. 收账政策

收账政策是指当客户违反信用条件,拖欠甚至拒付账款时企业采取的收账策略和措施。其一,企业应投入一定的收账费用。企业对于客户拖欠甚至拒付的应收账款不能置之不理,要投入一定的费用进行账款的追讨,一般来讲,随着收账费用的增加,坏账损失会逐渐减少。

其二,企业对客户催收应收账款要做到有理、有力、有节。多与客户沟通,共同协商解决,对于恶意赖账者,除加大催讨力度外,可以诉诸法律,并将其从信用名单中排除。

(三)应收账款的日常管理

1. 建立专门的信用管理机构或岗位

企业信用风险管理是一项专业性、技术性和综合性较强的工作,企业对赊销的信用管理需要专业人员大量进行调查、分析和专业化的管理和控制,因此设立企业独立的信用管理职能部门或信用管理岗位是非常必要的。

2. 建立客户动态资源管理系统

专门的信用管理部门必须对客户进行风险管理,其目的是防患于未然。动态监督客户尤其是核心客户,了解客户的资信情况,给客户建立资信档案并根据收集的信息进行动态监督管理。

(1)对客户进行信用调查,确定是否给予赊销。企业应通过多种调查方式获取客户信用状况,以便做出是否给予赊销的决定。对于新顾客,信用管理部门应进行信用调查,建立客户动态资源系统,决定是否批准该客户的赊销,进而确定其信用额度和信用期限,并在销售单上签署明确的意见。对于老客户,信用管理部门在收到销售单后,将销售单与该顾客已被授权的赊销信用额度以及至今尚欠的账款余额加以比较,决定是否提供新的赊销。

(2)定期编制账龄分析表,加强对应收账款的分析。信用管理部门应定期编制赊销客户的销售金额、除销金额、收账金额等情况的账龄分析表及分析资料,提交企业管理层。在分析中应利用比率、比较、趋势、结构等分析方法,分析逾期债权的坏账风险及对企业财务状况的影响,以便制定坏账处理策略和当前除销策略。

应收账款的账龄分析也叫应收账款的账龄结构分析,是指已经发生的各账龄应收账款的余额占全部应收账款总额的比重,如表 5-4 所示。

表 5-4 表明,该企业应收账款余额中,有 100 万元尚在信用期内,占全部应收账款的 50%。逾期数额 100 万元,占全部应收账款的 50%,其中逾期在 1、2、3、4、5、6 个月内的,分别占全部应收账款的 15%、5%,5%,7%、8%、6%。有 4%的应收账款已逾期 6 个月以上。企业对逾期应收账款应予以足够重视,查明原因,采取有力对策。

表 5-4　应收账款账龄分析表

应收账款账龄	账户数量	金额(万元)	比重(%)
信用期以内	90	100	50
超过信用期 1 个月内	45	30	15
超过信用期 2 个月内	15	10	5
超过信用期 3 个月内	10	10	5
超过信用期 4 个月内	20	14	7
超过信用期 5 个月内	18	16	8

续 表

应收账款账龄	账户数量	金额(万元)	比重(%)
超过信用期6个月内	8	12	6
超过信用期6个月以上	15	8	4
应收账款余额总计		200	100

(3)保持与客户的联系,对应收账款进行跟踪管理。从赊销过程一开始,到应收账款到期日前,对应收账款进行跟踪和监督,从而确保客户正常支付货款,最大限度地降低逾期账款的发生率。通过应收账款跟踪管理服务,保持与客户经常联系,提醒付款到期日,催促付款,可以发现货物质量、包装、运输、货运期以及结算上存在的问题和纠纷,以便做出相应的对策,维护与客户的良好关系。同时也会使客户感觉到债权人施加的压力,使客户不会轻易推迟付款,极大地提高应收账款的回收率,并可以快速识别应收账款的逾期风险,以便选择有效的追讨手段。

(四)应收账款的处置

对于可能收不回来的应收账款,企业应采取积极的态度尽快处理,如进行资产置换,债务重组等,不能任其发展。对于确实收不回来的应收账款要确认其坏账损失,并采用备抵法进行坏账核算。

1. 债务重组

债务重组是处置企业应收账款的一种有效方法,主要包括采取贴现方式收回账款、债转股和以非现金资产收回债权三种方式。

(1)采取贴现方式收回账款。贴现方式是指在企业资金严重缺乏而购货者又无力偿还的情况下,可以考虑给予债务人一定的折扣而收回逾期债权。

(2)债转股。债转股是指应收账款持有人与债务人通过协商将应收账款作为对债务人的股权投资,从而解决双方债权债务问题的一种方法。由于债务人一般为债权人的下游产品线生产商或流通渠道的销售商,债权人把债权转为股权投资后对产品市场深度和广度的推广很有利。随着企业产权制度的改革,债转股已成为企业处理巨额应收账款的重要方式之一。

(3)以非现金资产收回债权。以非现金资产收回债权是指债务人转让其非现金资产给予债权人以清偿债务。利用债务重组方式收回应收账款企业要根据自身与债务人情况选择合适的方法。

2. 出售债权

出售债权是指应收账款持有人(出让方)将应收账款所有权让售给代理商或信贷机构,由它们直接向客户收账的交易行为。随着外资金额机构涌入我国,应收账款出售今后将成为企业处理逾期应收账款的主要手段之一。工商银行曾与摩托罗拉公司签订合约购买其10亿元应收账款即是成功的例子。

第三节 存货的管理

存货是企业为生产或销售而储备的物资,主要包括各种原材料、在产品、半成品、产成品等。企业保持一定数量的原材料是维持企业正常生产的必要条件,同时储备一定的产成品,对保证销售也是十分必要的。但存货规模的大小对企业财务与经营会有一定影响。

储备过多,占压资金,造成资金沉淀,丧失了再投资获利的机会,还要支付大量利息和保管费用。储备过少,又会造成频繁采购,使采购成本上升。所以,企业必须做好存货资金的规划工作,合理确定存货资金占用量,节约资金使用,并加强存货日常控制,加速存货周转。

一、储备存货的原因

企业持有一定的存货,主要是防止生产停工待料,降低进货成本,保证企业生产经营或销售活动的正常进行。

二、存货的成本

企业保持一定数量的存货,就必然会付出一定的代价,即存货成本。存货成本一般有以下几项。

1. 进货成本

进货成本是指采购存货所发生的成本,包括存货的进价与进货费用。

存货的进价为存货本身的价值,是购买数量与存货单价的乘积。存货采购数量越多,采购成本就越高,但是,由于一定时期,企业生产经营规模维持不变,其进货成本通常保持稳定。

进货费用,又称为订货成本,是企业在组织进货的过程中发生的费用,包括相关的办公费、差旅费、邮资、运费、保险费、检验费、整理费及合理损耗。订货成本中有一部分与订货次数无关,如常设采购机构的费用,采购人员的工资费用,属于订货的固定成本;另一部分与订货次数有关,如邮资、差旅费、通信费等,属订货的变动成本。

2. 缺货成本

缺货成本是指企业由于存货中断所造成的损失。企业一般都会随时补充存货,避免缺货现象的产生,因此可排除缺货成本对经济的批量的影响。

3. 储存成本

储存成本是指存货在储存过程中发生的成本,包括存货的仓储费、保险费、残损变质费用和存货占用资金应支付的利息等。储存成本也可分为固定费用和变动费用两部分。固定费用与存货数量多少无关,如仓库的折旧费,保管人员的工资。变动成本与存货数量有关,如保险费、利息费、残损变质费等,储存数量越多,这部分费用支出就越高。

三、存货管理

(一)存货管理的目标

企业因生产经营和降低成本的需要而应当储存一定的存货,但是,储存存货在降低存货短缺成本的同时,也会增加存货的储存成本,因此,进行存货管理就是要在效益与成本之间作出权衡,达到最佳结合。

(二)存货管理的方法

1. 存货经济订货批量基本模型

存货经济订货批量是指能够使一定时期存货的相关总成本达到最低点的进货数量。通过存货成本的构成内容,可以分析出储存成本的高低与存货数量的多少成正比,订货数量越多储存成本就越高,订货成本的高低与订货次数成正比,订货次数少,订货成本低,反之订货成本就高。在一定时期内,企业存货的数量保持稳定,若降低储存成本就要增加订货次数,导致订货成本增加,若降低订货成本又会增加订货数量,导致储存成本增加。因此,企业要协调存货的各项成本,使其总成本保持最低。

采用存货经济订货批量基本模型时应满足以下假设条件:

①企业能够及时补充存货,即需要订货时便可立即取得存货;

②能集中到货,而不是陆续入库;

③不允许缺货,即无缺货成本;

④存货需求量稳定,并能较准确地预测;

⑤存货单价不变,不考虑现金折扣;

⑥企业现金充足,不会因现金短缺而影响进货;

⑦企业所需存货市场供应充足,不会因买不到需要的存货而影响其他进程。

建立了上述假设后,则最佳经济批量为:

$$Q=\sqrt{\frac{2AF}{C}}$$

式中,A——每次订货成本;

F——年需要量;

C——单位产品储存成本。

与经济批量相关的存货总成本为:

$$T=\sqrt{2AFC}$$

最佳订货次数为:　$N=F/Q$

【例 5-5】　某企业每年需耗用材料 2 000 千克,每次订货成本为 100 元,单位材料年储存成本为 10 元,则:

$$Q=\sqrt{\frac{2\times 2\ 000\times 100}{10}}=200$$

$$N=2\ 000/200=10$$

另外,可以通过逐步测试检验一下,数据资料如表 5-5 所示。

表 5-5　某企业经济批量测试表

项目	订货数量				
	120	200	500	1 000	2 000
订货次数	30	10	4	2	1

续　表

项目	订货数量				
	120	200	500	1 000	2 000
平均存货量	60	100	250	500	1 000
全年订货成本(元)	720	1 000	400	200	100
全年储存成本(元)	600	300	2 500	5 000	10 000
相关总成本(元)	1 320	1 300	2 900	5 200	10 100

通过测试可以看出，在每次订货为 200 千克时，总成本是最低的，因此，200 千克为最佳经济批量。

2. 存货 ABC 分类控制法

存货 ABC 分类的标准有：一是金额标准；二是品种数量标准。

①A 类存货的特点是金额巨大，但品种数量很少。其品种数约占全部品种的 5%~15%，累计金额约占库存资金总额的 60%~80%；

②B 类存货金额一般，品种数量相对较多，品种数约占全部品种数的 20%~30%，累计金额约占库存资金总额的 20%~30%；

③C 类存货品种数量繁多，但金额却很小，品种数约占全部品种数的 60%~80%，累计金额约占库存资金总额的 5%~15%。

【例 5-6】 某企业有材料 100 种，它们的资金占用额如表 5-6 所示。

企业应针对不同的存货采用不同的管理方法。A 类存货占用企业绝大多数的资金，只要能够控制好该存货，一般不会出现大问题。但由于 A 类存货品种数量少，企业完全有能力按品种进行管理。因此，A 类存货应按品种重点管理和控制，实行最为严格的内部控制制度，逐项计算各种存货的经济订货量，并经常检查有关计划和管理措施的执行情况，以便及时纠正各种偏差；对 B 类存货，由于金额相对较小，而品种数量远多于 A 类存货，因此，不必像 A 类存货那样严格管理，可通过分类别的方式进行管理和控制；至于 C 类存货管理可采用较为简化的方法，只要把握一个总金额就完全可以了，所以，对 C 类存货只要进行一般控制和管理即可，具体如表 5-7 所示。

表 5-6　材料分类表

品种	占用资金(万元)	分类	占全部资金比重
#1～#10	70	A	70%
#11～#30	20	B	20%
#31～#100	10	C	10%

表 5-7　ABC 分类管理方法表

项目	A 类	B 类	C 类
管理要求	由于金额比重大,应把库存压缩在最低限度,投入较大精力,精心管理	按经营方针,调节库存水平,根据情况可时严时松	集中大量订货,以较高的库存来节约订货成本
订货方式	按照经济订货批量,定期订货	采用定量订货方式,当库存降到订货点时发出订单	大批量订货
检查方式	经常检查	定期检查	按月或季检查
控制程度	按品种控制	按大类控制	按金额控制

3. 现代存货控制方法——适时生产系统、MRP Ⅱ

随着高新技术的蓬勃发展并广泛应用于生产领域,以及产品市场需求的多样化,企业从原来的单品种大批量生产转向多品种小批量弹性生产,从而导致了企业生产组织的重大变革。为了适应这一变革,西方发达国家越来越重视和推行一种新的生产管理系统——适时生产系统(Just-in-Time Production Systems)。

适时生产系统的核心是追求一种无库存生产系统或使库存最小的生产系统,以期达到排除浪费、降低成本,提高经济效益的目的。

适时生产系统根据“在需要的时间,按需要的量生产所需的产品”的思想由后向前安排生产,它改变了传统的由前向后的前推式生产方式。在适时生产系统中,“顾客”是一个广义的概念,不仅产品的最终需求者是顾客,而且生产的每一工序都被视为其前一工序的顾客,企业的最终产品就是通过“顾客”的需求由后至前逐步拉出来的。

一方面,企业是根据顾客的订单组织生产;另一方面,每一生产工序也是按照顾客(后一生产工序)的要求生产的。这样,产品何时需要,何时生产;需要多少,生产多少,保证了企业在产、供、销各个环节都能实现“零存货”,达到了排除浪费、提高资金使用效率的目的。

在适时生产系统中,企业的产、供、销各环节都实现(或几乎实现了)零存货,这意味着企业不存在期初、期末存货的成本,本期发生的期间成本就是本期所生产产品的成本。这样,成本报表所反映的成本信息能如实反映出本期生产经营的实际情况,有利于企业管理当局进行成本分析和成本控制。

随着我国经济的发展,社会物质财富不断增长,企业生产所需的原材料供应基本上能得到保障,而消费品随着收入水平的不断提高,对商品的需求更加变化多样。而一些企业经济效益低,市场竞争力差,缺乏应有的活力。造成这种局面的主要原因在于管理理想和管理技术手段比较落后,如果企业因地制宜地引进适时生产系统,逐步实现“零存货”,对企业来讲,可以减少资金占用,节约成本,增强活力,提高市场竞争力;对整个社会来讲,可以降低社会资金的需求,缓解资金紧张的局面,促进国民经济持续、健康、稳定地发展。

第六章 企业利润分配管理

第一节 企业利润及其分配

一、利润及其构成

利润是指企业在一定会计期间的经营成果。利润包括收入减去费用后的净额、直接计入当期利润的利得和损失等。

直接计入当期利润的利得和损失，是指应当计入当期损益、会导致所有者权益发生增减变动的、与所有者投入资本或者向所有者分配利润无关的利得或损失。

1. 营业利润

企业的营业利润计算公式为：

营业利润=营业收入-营业成本-营业税金及附加-销售费用-管理费用-财务费用-资产减值损失±公允价值变动收益（或损失）±投资收益（或损失）

其中，营业收入是指企业经营业务所确认的收入总额，包括主营业务收入和其他业务收入。主营业务收入是指企业为完成其经营目标所从事的经常性活动实现的收入。主营业务收入一般占企业总收入的较大比重，对企业的经济效益产生较大影响。比如，工业企业的主营业务收入主要包括销售商品、自制半成品、代制品、代修品，提供工业性劳务等实现的收入。其他业务收入是指企业为完成其经营目标所从事的与经常性活动相关的活动实现的收入。其他业务收入属于企业日常活动中次要交易实现的收入，一般占企业总收入的比重较小。不同行业企业的其他业务收入所包括的内容不同，比如，工业企业的其他业务收入主要包括对外销售材料、对外出租包装物、商品或固定资产、对外转让无形资产使用权、对外进行权益性投资（取得现金股利）或债权性投资（取得利息）、提供非工业性劳务等实现的收入。

营业成本是指企业经营业务所发生的实际成本总额，包括主营业务成本和其他业务成本。主营业务成本是指企业销售商品、提供劳务等经常性活动所发生的成本。其他业务成本是指企业除主营业务活动以外的其他经营活动所发生的成本。

资产减值损失是指企业计提各项资产减值准备所形成的损失。

公允价值变动收益（或损失）是指企业交易性金融资产等公允价值变动形成的应计入当期损益的利得（或损失）。

投资收益（或损失）是指企业以各种方式对外投资所取得的收益（或发生的损失），包括企业对外投资的利润、利息和投资转让或收回时高于或低于账面的差额。

管理费用是指企业为组织和管理生产经营活动而发生的各种管理费用，包括企业在筹建期间发生的开办费、董事会和行政管理部门在企业的经营管理中发生的或者应由企业统一负担的公司经费（包括行政管理部门职工薪酬、物料消耗、低值易耗品摊销、办公费和差旅费等）、工会经费、董事会费（包括董事会成员津贴、会议费和差旅费等）、聘请中介机构费、咨询费（含顾问费）、诉讼费、业务招待费、房产税、车船使用税、土地使用税、印花税、技术转让费、矿产资源补偿费、研究费用、排污费以及企业生产车间（部门）和行政管理部门发生的固定资产修理费等。

财务费用是指企业为筹集生产经营所需资金等而发生的筹资费用，包括利息支出（减利息收入）、汇兑损益以及相关的手续费、企业发生的现金折扣或收到的现金折扣等。

销售费用是指企业在销售商品和材料、提供劳务过程中发生的各项费用，包括企业在销售商品过程中发生的包装费、保险费、展览费和广告费、商品维修费、预计产品质量保证损失、运输费、装卸费等费用，以及企业发生的为销售本企业商品而专设的销售机构的职工薪酬、业务费、折旧费、固定资产修理费等费用。

【例 6-1】 某企业 2013 年主营业务收入 1 200 万元，主营业务成本 800 万元，其他业务收入 50 万元，其他业务成本 20 万元，营业税金及附加 60 万元，管理费用 80 万元，销售费用 50 万元，财务费用 30 万元，投资收益 120 万元，资产减值损失 15 万元，计算该企业当年的营业利润。

营业利润＝营业收入－营业成本－营业税金及附加－销售费用－管理费用－财务费用－资产减值损失+投资收益

＝1200+50－800－20－60－50－80－30－15+120

＝315（万元）

2. 利润总额

企业利润总额计算公式为：

利润总额=营业利润+营业外收入-营业外支出

式中，营业外收入是指企业发生的与其日常活动无直接关系的各项利得。营业外收入并不是企业经营资金耗费所产生的，不需要企业付出代价，实际上是经济利益的净流入，不可能也不需要与有关的费用进行配比。营业外收入主要包括非流动资产处置利得、盘盈利得、罚没利得、捐赠利得、确实无法支付而按规定程序经批准后转作营业外收入的应付款项等。

营业外支出是指企业发生的与其日常活动无直接关系的各项损失，主要包括非流动资产处置损失、盘亏损失、罚款支出、公益性捐赠支出、非常损失等。其中，非流动资产处置损失包括固定资产处置损失和无形资产出售损失。

3. 净利润

企业净利润的计算公式为：

净利润=利润总额-所得税费用

其中，所得税费用是指企业确认的应从当期利润总额中扣除的所得税费用。

【例 6-2】 沿用上例，该企业营业外收入 35 万元，营业外支出 50 万元，所得税费用 80 万元。当年的净利润为：

利润总额=营业利润+营业外收入-营业外支出

=315+35-50

=300(万元)

净利润=利润总额-所得税费用

=300-80

=220(万元)

2013 年上半年非金融类 A 股上市公司利润构成情况，如表 6-2 所示。

表 6-2　非金融类 A 股上市公司利润构成情况　　单位：亿元

分类科目	2013-06-30	2012-06-30	增加额	同比增长(%)
主营业务收入	29 423.66	23 036.36	6 387.31	27.73
主营业务成本	23 874.25	18 920.94	4 953.31	26.18
主营业务利润	5 136.34	3 795.005	1 341.34	35.34

续　表

分类科目	2013-06-30	2012-06-30	增加额	同比增长(%)
营业费用	1 119.51	966.11	153.40	15.88
管理费用	1 170.41	1 005.67	164.75	16.38
财务费用	381.00	349.51	31.49	9.01
投资收益	294.92	103.78	191.14	184.19
利润总额	2 788.09	1 657.46	1 130.63	68.21
净利润	1 916.61	1 125.92	790.69	70.23

2013年上半年上市公司主营业务收入增长率高于主营业务成本增长率，三项费用增长幅度和速度也相对降低。表明上市公司科技创新、技术改造方面成果显著，劳动生产率提高效果明显、单位成本相对降低、产品附加值升高，从而有效控制了成本的增长幅度和速度，促进了业绩水平的提高。在投资收益大幅度提升的有利配合下，公司利润总额和净利润大幅度增长。

二、利润分配原则

1. 依法分配原则

企业的收益分配必须依法进行。为了规范企业的收益分配行为，维护各利益相关者的合法权益，国家颁布了相关法规。

2. 分配与积累并重原则

企业通过经营活动赚取收益，既要保证企业再生产的持续进行，又要不断积累企业扩大再生产的财力基础。恰当处理分配与积累之间的关系，留存一部分净收益以供未来分配之需，能够增强企业抵抗风险的能力，同时，也可以提高企业经营的稳定性与安全性。

3. 兼顾各方利益原则

企业的收益分配必须兼顾各方面的利益。企业是经济社会的基本单元，企业的收益分配涉及国家、企业股东、债权人、职工等多方面的利益。

4. 投资与收益对等原则

企业进行收益分配应当体现“谁投资谁受益”、收益多少与投资比例相对等的原则。

三、利润分配的顺序

利润分配的顺序是指企业根据适用的法律、法规或规定，对企业一定期间实现的净利润进行分派所必须经过的步骤。

企业一般按下列顺序分配剩余利润。

①弥补以前年度亏损。根据《企业所得税法》的规定，企业发生的年度亏损可以用下一年度的税前利润弥补，下一年度利润不足弥补的，可以在 5 年内延续弥补，5 年内不足弥补的，改用企业的税后利润弥补。以前年度亏损未弥补完，不得提取法定盈余公积金。

②按弥补亏损后的利润总额缴纳企业所得税。

③净利润弥补 5 年仍未弥补完的以前年度亏损。

④提取法定盈余公积金。股份制企业按当年税后利润（扣除 5 年后的亏损弥补）的 10%提取法定盈余公积金，其他企业可以根据需要确定提取比例，但至少不低于 10%提取。法定盈余公积金达注册资本的 50%可不再提取，法定盈余公积金可用于弥补亏损和转增资本。

⑤提取任意盈余公积金。企业根据董事会是否提取的决定及其确定的提取比例提取任意盈余公积金。

⑥向投资者分配利润。董事会制定利润分配方案，经股东大会讨论通过后，对外公布利润分配方案，支付股利。

企业以前年度未分配的利润可以并入本年度参加利润分配，本年度未分配的利润可以并入以后年度参加利润分配。

【例 6-3】　某股份制企业 2012 年利润总额为 2 000 万元，企业所得税税率为 25%，法定盈余公积、任意盈余公积金提取比例分别为 10%、15%，支付普通股股利 800 万元，企业未分配的利润还剩多少？

企业净利润 = 2 000×(1−25%) = 1 500(万元)

计提法定盈余公积金 = 1 500×10% = 150(万元)

任意盈余公积金 = 1 500×15% = 225(万元)

未分配的利润 = 1 500−150−225−800 = 325(万元)

企业当年无利润不得向投资者分配利润，其中股份有限公司当年无利润时，原则上不得分配股利，但在用盈余公积金补亏后，经股东大会通过可按不超过股票面值6%的比率用盈余公积金分配股利。

分配股利后，企业法定盈余公积金不得低于注册资本的25%。

第二节　股利政策

2001年4月23日，用友软件以发行价每股36.68元在上海证券交易所上网定价发行1 500万股A股，募集资金达8亿多元，2001年5月18日北京用友软件股份有限公司挂牌上市（股票代码600588）。

经过十几年的发展，2012年股本达到97 908万股，股票市值约100亿元。

公司主要从事财务软件、管理软件和其他企业应用软件产品的研发、销售和技术服务。用友具有较完整的产品线，并拥有较为健全的全国销售服务网络，其财务及企业管理软件在国内广泛应用。公司自上市以来股本扩张情况与股利分配情况如表6-3所示。

表6-3　用友软件历年利润分配情况表

年限（年）	每股收益（元）	净资产收益率（%）	股本（万股）	每10股派现（元）	每10股转增（股）
2001	0.7	7.00	10 000	6	
2002	0.92	8.90	10 000	6	2
2003	0.62	6.70	12 000	3.75	2
2004	0.48	6.05	14 400	3.2	2
2005	0.57	8.19	17 280	6.6	3
2006	0.41	13.44	22 464	6.8	
2007	0.61	14.97	23 136	10	10
2008	0.65	18.75	46 666	3	3
2009	0.97	23.01	62 786	6	3
2010	0.44	14.89	81 613	2.2	0
2011	0.50	19.82	81 590	4	2
2012	0.39	12.91	97 908	2	0

股利政策是关于股份公司是否发放股利、发放多少股利以及何时发放股利等方面的方针和政策，主要包括是否发放股利、确定最佳股利决策、采取何种股利形式及股利的支付程序等内容。

一、股利政策的目的

企业应该通过股利政策的制定与实施，体现以下目的。

①保障股东权益，平衡股东间利益关系。

②促进公司长期发展。股利政策的基本任务之一是要通过股利分配这条途径，为增强公司发展后劲、保证企业扩大再生产提供足够的资金。

③稳定股票价格。一般而言，公司股票在市场上股价过高或过低都不利于公司的正常经营和稳定发展。股价过高，会影响股票流动性，并存在剩余股票股价急骤下降的隐患；股价过低，必然影响公司声誉，不利于今后增资扩股或负债经营，也可能引起被收购兼并事件；股价时高时低、波动剧烈，将动摇投资者的信心，成为投机者的投资对象。所以，保证股价稳定必然成为股利分配政策的目标。

二、影响股利政策的因素

（一）法律因素

1. 资本保全约束

资本保全约束规定公司不能用资本（包括实收资本或股本和资本公积）发放股利，目的在于维持企业资本的完整性，保护企业完整的产权基础，保障债权人的权益。

2. 资本积累约束

资本积累约束规定公司要按一定的比例和基数提取各种公积金。另外，它要求在进行股利分配时，一般应当贯彻“无利不分”的原则。

（二）现金能力因素

现金股利的支付不仅要看有多少利润可供分配，还要看公司有多少现金可用于分配股利，因为有利润不一定有足够的现金支付现金股利，利润是按权责发生制计算出来的，现金是收付实现制下形成的。实践中，企业往往出现会计账面利润很多，但现金十分拮据的情况。因此，公司在制定股利政策时，要合理预计现金收入和支出，以便制订合理的股利政策。

（三）税收因素

股票投资目的是为获取股利，或是通过低吸高抛，取得资本利得收益。但对于股东来说，二者所缴纳的所得税是不同的，现金股利的税负高于资本利得的税负。在我国股息红利的个人所得税按20%征收，对日常股票交易所得还没开征个人所得税，只需缴纳印花税和交易费。因此，股票价格上涨获得的收益比分得的股息、红利更有吸引力。

（四）股东构成因素

不同阶层、不同收入水平，以及不同投资目的的股东，对股利分配的要求也是不同的。

1. 控制权

从控制权的角度考虑，具有控制权的股东往往希望少分股利。原因在于，如果公司的股利支付率高，必然导致保留盈余减少，这又意味着将来发行新股的可能性增大，而发行新股会稀释公司的控制权。因此，具有控制权的股东往往主张限制股利的支付，而愿意较多地保留盈余，以防止控制权旁落他人。

2. 稳定的收入

从稳定收入的角度考虑，靠股利维持生活的股东要求支付稳定的股利。

3. 避税

一般来讲，股利收入的税率要高于资本利得的税率，因此，很多股东出于税赋因素的考虑，偏好于低股利支付水平。

（五）负债因素

当公司举借长期债务时，债权人为了保护自身的利益，可能会对公司发放股利加以限制。

（六）资本成本因素

在企业的各种筹资方法中，留用利润的资本成本是最低的也是稳定可靠的，还可以使企业保持较强的外部筹资能力，企业的资产负债率可以保持在较理想的水平之上。但过分地强调留用利润，股利支付过少也会走向负面，因为股价有可能因投资者的不满、抛售而跌落，公司声誉受损，反而会影响企业的外部筹资能力。

(七)企业拓展因素

当企业处于发展上升阶段,具备广泛的投资机会时,需要大量的发展资金,这时企业可以考虑减少股利支出,将大部分盈利用于扩大再生产,在将来给股东以更加满意的回报,这很可能会被多数股东所接受。当企业处于盈利充裕、稳定,并无良好的拓展机会时,可考虑采用较高的股利以回报投资者。

(八)通货膨胀因素

在通货膨胀时期,企业的购买力下降,原计划以折旧基金为来源购置固定资产则难以实现,为了弥补资金来源的不足,企业购置长期资产,往往会使用企业的盈利,因此股利支付会较低。

三、股利形式

常见的股利形式有四种:现金股利、股票股利、财产股利和负债股利,我国股票市场中主要采用的是现金股利和股票股利。

(一)现金股利

现金股利是公司以货币形式发给股东的投资收益,是最普遍的股利形式。支付现金股利要求公司必须有足够的净利润和现金,要综合分析企业投资机会、筹资能力等各方面因素,确定适当的现金股利支付率。

(二)股票股利

股票股利是公司利用增发股票的方式代替现金股利向投资人支付的投资收益。其具体形式有送股、配股。

1. 送股

送股是指公司将红利或公积金转为股本,按增加的股票比例派送给股东,如每 10 股送 4 股,是指每持有 10 股股票的股东可无偿分到 4 股。

2. 配股

配股是指公司在增发股票时,以一定比例按优惠价格配售给老股东的股票。配股和送股的区别在于:

①配股是有偿的,送股是无偿的;

②配股成功会使公司现金增加;

③配股实质上是给予老股东补偿,是一种优惠购买股票的权力。

股票股利的发放对所有者权益总额并没有影响,它既不导致现金资产的流出,也不产生负债的增加,但是,由于企业价值未改变,股票数量增加,从理论上讲,会导致每股价格的下降,由于价格的下降可能反而吸引一部分投资人的购买,购买量的增加又会造成股票价格的上涨,使投资人得到更多的好处。对于股价较高的股票而言,股价下降更有利于其股票交易和增强其流动性。

【例 6-4】 某公司股票市价为每股 10 元,发放 10%的股票股利。发放股票股利前后的股东权益变化情况如表 6-4、表 6-5 所示。

表 6-4　发放股票股利前的股东权益情况　　单位:万元

项目	金额
股本(1 000 000 股,每股面值 1 元)	100
资本公积	100
留存收益	500
股东权益合计	700

公司发放 10%的股票股利,即发放 10 万股,按每股市价 10 元计算,分配留存收益 100 万元,其中 10 万元增加股本,溢价部分为 90 万元,转增资本公积。公司的所有者权益总额没有改变,但是内部结构发生了变化。

表 6-5　发放股票股利后的股东权益情况　　单位:万元

项目	金额
股本(1 100 000 股),每股(元)	110
资本公积	190
留存收益	400
股东权益合计	700

就股东而言,股票股利除了使其所持股票数量增加外几乎没有任何价值。由于公司盈利不变,其所持股份比例不变,因此股东所持有股票的市场价值总额也保持不变。

假设某投资人持有公司股票 10 万股,发放股票股利后持有 11 万股。由于公司成长性良好,股票受到投资人青睐,成交活跃,价格逐渐攀升,每股市价涨至11元,则投资人的股票市值由原来的100万元变为121万元。

四、股利的发放

2013年8月5日同仁堂股份有限公司宣告北京同仁堂股份有限公司实施2012年度利润分配方案为:每10股派2.50元(含税)。股权登记日为2013年8月8日,除息日为2013年8月9日,现金红利发放日为2013年8月15日。

1. 宣告日

宣告日,即公司董事会决定发放股利的日期。在当天颁布发放股利的说明书,说明股利宣布日、每股股利额、股权登记日、股利支付日等事项。就上述而言,2013年8月5日是同仁堂股份有限公司的股利宣告日。

2. 股权登记日

股权登记日,即决定哪些股东能够取得本次股利的日期界限。股权登记日之前在册的股东能够取得本次派发的股利,股权登记日之后新加入的股东不能取得本次股利。就上述而言,2013年8月8日是同仁堂股份有限公司的股权登记日。

3. 除息日

除息日即股票剔除股利的日期。自除息日起,股票交易价格中不再含有股利部分,股票价格会有所下降。就上述而言,2013年8月9日是同仁堂股份有限公司的股利除息日。

4. 股利发放日

股利发放日,即将股利发放给股东的日期。就上述而言,2013年8月15日是同仁堂股份有限公司的股利发放日。

要想获得此次股利分配,必须在股权登记日之前,即8月8日之前拥有该只股票。

五、股利政策

1. 剩余股利政策

剩余股利政策指企业在有良好的投资机会时,根据一定的资本结构,测算出投资所需的权益资本,先从盈余中扣除,在此之后如有剩余,再将剩余部分作为股利进行分配的股利政策。

剩余股利政策以股利无关论为依据,该理论认为股利是否发放以及发放的多少对公司价值以及股价不会产生影响,而且投资人也不关心公司股利的分配。因此企业可以始终把保持最优资本结构放在决策的首位,在这种结构下,企业的加权平均资本成本最低,同时企业价值最大。

在确定投资机会对权益资本的需求时,必须保证公司最佳资本结构,所以这种股利政策也是一种有利于降低项目资金成本、保持公司最优资本结构、实现企业价值最大化的股利政策。剩余股利政策比较适合新成立的或处于高速成长的企业。

运用剩余股利政策的基本步骤是:

①确定目标资本结构;

②根据筹资需要和确定的目标资本结构,计算相应的权益资本筹资额;

③最大限度地以留存收益来满足这一数额;

④如有剩余则用于发放股利。

【例 6-5】 某公司当年可供分配的利润 1 000 万元。明年有一工程项目,预计投资额为 1 000 万元,在目标资本结构中,权益资本占 60%。请计算该公司的可供分配股利。

权益资本筹资额 = 1 000×60% = 600(万元)

可供分配股利 = 1 000−600 = 400(万元)

2. 固定股利支付率政策

固定股利支付率政策是指公司按每股盈利的一个固定比例,向股东分配股利。固定股利支付率在发放股利时,能够使股东获取的股利与企业实现的盈余紧密配合,以真正体现“多盈多分,少盈少分,无盈不分”的原则,只有这样,才算真正公平地对待每一位股东。采用这种股利政策,实现盈利多的年份向股东发放的股利多,实现盈利少的年份向股东发放的股利少,所以不会给公司带来固定的财务负担,对企业财务而言压力较轻,但股利会随企业盈利水平而上下波动,不利于股价的稳定,会对股价产生不利的影响。

【例 6-6】 某公司去年实现净利润 600 万元,支付股利 300 万元,今年实现净利润 1 000 万元,公司决定保持上一年的股利支付率不变,则今年应分配多少股利?

股利支付率=300/600=50%

今年应分配股利=1 000×50%=500(万元)

由此可见,固定股利支付率政策极大地体现了收益与分配的关系,收益多则分得多,收益少则分得少,各年股利的多少会随着企业利润而波动。

3.固定股利政策

固定股利政策是指企业的股利是固定不变的,无论企业盈利状况如何,向股东支付的股利每期都是相同的。通过稳定的股利支付,向投资者传递企业经营状况和财务状况良好的信息,有利于树立企业形象,稳定股价,同时还能满足投资者对股利的偏好。但是如果遇到公司业绩下滑,利润大幅削减时还采用这种股利政策,会增加企业的财务压力。

固定股利政策以股利相关论为基础。该政策认为股利政策会影响公司的价值和影响股票的价格,投资人关心企业股利是否发放及其发放的水平。以下理由致使企业需要采取本政策:

①采取本政策发放的股利比较稳定,稳定的股利向市场传递着公司正常发展的信息,从而有利于树立企业的良好形象,并增强投资者对公司的信心,进而稳定股票的价格。

②采取本政策发放的股利比较稳定,稳定的股利额有利于投资者安排股利收入和支出,特别是对股利有很强依赖性的股东更是如此。而股利忽高忽低的股票,则不会受这些股东的欢迎,股票价格会因此下降。

③采取本政策发放的股利比较稳定,稳定的股利可能会不符合剩余股利政策的理论,可能会导致公司不能保持最优资本结构。但考虑到股市受多种因素影响,其中包括股东的心理状态和其他要求,因此,为将股利维持在稳定水平上,即使推迟某些投资方案或公司暂时偏离最佳资本结构,也可能要比降低股利或降低股利增长率更为有利。

4.低正常股利加额外股利政策

低正常股利加额外股利政策是指企业先制定一个较低的股利,在公司经营状况一般时,每年只支付固定的数额较低的股利,当企业盈利状况良好时,在支付固定股利基础上,再支付一笔额外股利。这种股利政策使企业财务具有较高的灵活性,同时又使投资人的最低股利收入得到保证。因此,低正常股利也可以保证股东得到比较稳定的股利收入,从而吸引这部分股东,当公司盈余增长时,增发股利,又可以增强投资人的信心,稳定股价。

低正常股利加额外股利政策具有以下特点:

①这种股利政策具有较高的灵活性。采取此政策向股东发放股利时,当企业盈利较少或投资需要的资金较多时,可维持原定的较低但正常的股利,股东就不会有股利跌落感;当企业盈余有较大幅度增加时,又可在原定的较低但正常的股利基础上,向股东增发额外的股利,以增强股东对企业未来发展的信心,进而稳定股价。

②这种股利政策可使依靠股利度日的股东,每年至少可以得到虽然较低但比较稳定的股利收入,正因为这种股利政策既具有稳定的特点,每年支付的股利虽然较低但固定不变,又具有变动的特点,盈利较多时,额外支付变动的股利,所以这种政策的灵活性较大,因而被许多企业采用。

六、股利政策的选择

以上四种股利政策各有利弊,上市公司选取股利政策时,要结合自身情况,选择最适合本公司当前和未来发展的股利政策。其中居主导地位的影响因素是公司目前所处的发展阶段。公司应根据自己所处的发展阶段来确定相应的股利政策。

公司的发展阶段一般分为初创阶段、高速增长阶段、稳定增长阶段、成熟阶段和衰退阶段。由于每个阶段生产特点、资金需要、产品销售等不同,股利政策的选取类型也不同。

在初创阶段,公司面临的经营风险和财力风险都很高,公司急需大量资金投入,融资能力差,即使获得了外部融资,资金成本一般也很高。因此,为降低财务风险,公司应贯彻先发展后分配的原则,剩余股利政策为最佳选择。

在高速增长阶段,公司的产品销售急剧上升,投资机会快速增加,资金需求大而紧迫,不宜宣派股利。但此时公司的发展前景已相对较明朗,投资者有分配股利的要求。为了平衡这两方面的要求,应采取正常股利加额外股利政策,股利支付方式应采用股票股利的形式避免现金支付。

在稳定增长阶段,公司产品的市场容量、销售收入稳定增长,对外投资需求减少,EPS 值(每股收益)呈上升趋势,公司已具备持续支付较高股利的能力。此时,理想的股利政策应是稳定增长股利政策。

在成熟阶段,产品市场趋于饱和,销售收入不再增长,利润水平稳定。此时,公司通常已积累了一定的盈余和资金，为了与公司的发展阶段相适应，公司可考虑由稳定增长股利政策转为固定股利支付率政策。

在衰退阶段，产品销售收入减少，利润下降，公司为了不被解散或被其他公司兼并重组，需要投入新的行业和领域，以求新生。因此，公司已不具备较强的股利支付能力，应采用剩余股利政策。

总之，上市公司制定股利政策应综合考虑各种影响因素，分析其优缺点，并根据公司的成长周期，恰当地选取适宜的股利政策，使股利政策能够与公司的发展相适应。

第七章　企业财务分析

第一节　企业财务分析方法

财务分析是指以财务报表和其他资料为依据和起点，采用专门方法，分析和评价公司的过去和现在的经营成果、财务状况及其变动①，目的是了解过去、评价现在、预测未来、帮助利益关系集团改善决策。

公司财务会计的最终结果就是编制财务报表，而公司编制财务报表的目的，就是向报表的使用者提供有关的财务信息，从而为他们的决策提供依据。但是财务报表通过一系列数据资料来全面、概括地反映公司的财务状况、经营成果和现金流量的情况，对报表的使用者来说，这些数据是原始的、初步的，而且不能直接为决策服务。因此财务分析的最基本功能就是将报表数据进一步加工、整理并转换成对报表使用者进行经营决策有用的信息，从而为决策提供正确的依据。

具体表现为：通过分析资产负债表，了解公司的财务状况，对公司的偿债能力、资本结构是否合理、流动资金的充足性等做出判断；通过分析利润表，了解分析公司的盈利能力、盈利状况、经营效率，对公司在行业中的竞争地位、持续发展能力做出判断；通过分析现金流量表，了解和评价公司获取现金和现金等价物的能力，并据以预测公司未来的现金流量。

目前进行财务分析时可以采用的方法很多，最常用的方法有比较分析法、比率分析法和因素分析法。

一、比较分析法

比较分析法就是对两个或几个有关的可比数据进行对比，从而揭示公司财务状况的变动趋势，找出存在的差异和问题或了解本公司在同行业中所处的水平。

---

①　宋爱玲，王蕾. 论财务分析的局限性与会计分析[J]. 煤炭经济研究，2004(3)：58-59.

具体包括以下几种方法。

1. 纵向对比

纵向对比就是将公司的不同时期的相同指标进行对比，揭示公司的持续经营能力、盈利能力和财务状况变动趋势，从而从一个较长的时期来动态地分析公司的经营状况。

2. 横向对比

横向对比就是将公司的财务状况与同行业平均水平或竞争对手相比，了解本公司在同行业中所处的水平、地位，认识优势与不足，从而正确确定公司的价值。

3. 比较会计要素的总量

总量是报表项目的总金额，如总资产、净资产、净利润等。

1. 比较结构百分比

把利润表、资产负债表、现金流量表转换为结构百分比报表进行分析。通过结构比较可以剔除公司与同行业进行比较时，由于规模不同等因素所产生的绝对值差额，从而发现报表中有问题的项目。

2. 比较财务比率

财务比率是各会计要素的相互关系，反映其内在联系。比较财务比率是最重要的财务分析。

二、比率分析法

比率分析法是指利用财务报表中两项相关指标的比率揭示公司财务状况和经营成果的一种分析方法。经常用于进行财务分析的财务比率有相关比率、结构比率和动态比率。

1. 相关比率

相关比率是指同一时期财务报表中两项相关数值的比率。这一类比率包括：反映偿债能力的比率，如资产负债率等；反映营运能力的比率，如应收账款周转率等；反映盈利能力的比率，如营业利润率等。

2. 结构比率

结构比率是指财务报表中个别项目数值与全部项目总和的比率。这类比率揭示了部分与整体的关系，如流动资产与全部资产的比率，存货与流动资产的比率等。其计算公式为：

$$结构比率=\frac{某个组成部分数值}{总体数值}\times 100\%$$

3. 动态比率

动态比率是指财务报表中某个项目不同时期的两项数值的比率。这类比率又分为定基动态比率和环比动态比率，分别以不同时期的数值为基础揭示某项财务指标的变化趋势和发展速度。

(1)定基动态比率。定基动态比率是以某一时期的数额为固定的基期数额而计算出来的动态比率。其计算公式为：

$$定基动态比率=\frac{分析期数额}{固定基期数额}\times 100\%$$

(2)环比动态比率。环比动态比率是以每一分析期的前期数额为基期数额而计算出来的动态比率。其计算公式为：

$$环比动态比率=\frac{分析期数额}{前期数额}\times 100\%$$

三、因素分析法

因素分析法是依据分析指标和影响因素的关系，从数量上确定各因素对分析指标的影响方向和影响程度的一种方法。采用这种方法的出发点在于，当有若干因素对分析指标产生影响时，假定其他各个因素都无变化，确定每一个因素单独变化所产生的影响。

因素分析法有两种：一是连环替代法；二是差额分析法。

(一)连环替代法

连环替代法是将分析指标分解为各个可以计量的因素，并根据各个因素之间的依存关系，顺次用各因素的比较值(通常即实际值)替代基准值(通常即标准值或计划值)，据以测定各因素对分析指标的影响。

【例 7-1】 某公司 2013 年 5 月某种原材料费用的实际数是 4 830 元，而其计划数是 4 400 元。实际数较计划数减少 430 元。由于原材料费用是由产品产量、单位产品材料消耗用量和材料单价三个因素的乘积构成的，因此，就可以把材料费用这一总指标分解为三个因素,然后逐个分析它们对材料费用总额的影响程度。现假定这三个因素的数值,如表 7-1 所示。

表 7-1 材料费用分析表

项目	单位	计划数	实际数
产品产量	件	115	110
单位产品材料消耗量	千克	7	8
材料单价	元	6	5
材料费用总额	元	4 830	4 400

根据表 7-1 中的资料,材料费用总额实际数较计划数减少 430 元。运用连环替代法,可以计算各因素变动对材料费用总额的影响程度,计算如下。

计划指标:115×7×6=4 830(元)

第一次替代:110×7×6=4 620(元)

第二次替代:110×8×6=5 280(元)

第三次替代:110×8×5=4 400(元)

产量减少的影响:4 620−4 830=−210(元)

材料消耗提高的影响:5 280−4 620=660(元)

价格降低的影响:4 400−5 280=−880(元)

全部因素的影响:−210+660−880=−430(元)

(二)差额分析法

差额分析法是连环替代法的一种简化形式,它是利用各个因素的比较值与基准值之间的差额,来计算各因素对分析指标的影响。

【例 7-2】 仍以表 7-1 所列数据为例,可采用差额分析法计算确定各因素变动对材料费用的影响。

(1)由于产量减少对材料费用的影响为:

$$(110-115)\times7\times6=-210(\text{元})$$

(2)由于材料消耗提高对材料费用的影响为:

$$(8-7)\times110\times6=660(\text{元})$$

(3)由于价格降低对材料费用的影响为:

$$(5-6)\times110\times8=-880(\text{元})$$

因素分析法既可以全面分析各因素对某一经济指标的影响,又可以单独分析某个因素对某一经济指标的影响,因此在财务分析中应用广泛。但在应用这一方法时必须注意以下几个问题。

(1)因素分解的关联性。因素分解的关联性要求做到构成经济指标的因素,必须是客观上存在着因果关系,并能够反映形成该项指标差异的内在构成原因,否则因素就失去了其存在的价值。

(2)因素替代的顺序性。因素替代的顺序性要求,替代因素要按照各因素的依存关系,排列成一定的顺序并依次替代,不能随意颠倒,否则就会得出不同的计算结果。在实际工作中,一般将各因素区分为数量指标和质量指标,并先替代数量指标,后替代质量指标。

如果同时出现几个数量指标或几个质量指标,要先替换实物量指标,后替换价值量指标。除此之外,还可按照先替换基本因素,后替换从属因素的方法,确定连环替代法的因素替换顺序。

(3)顺序替代的连环性。连环替代法是严格按照各因素的排列顺序逐次以一个因素的实际数替换其基数。除第一次替换外,每个因素的替换都是在前一个因素替换的基础上进行的,只有保持这一连环性,才能使所计算出来的各因素的影响等于所要分析的综合经济指标的总差异。

(4)计算结果的假设性。运用这一方法在测定某一因素影响,是以假定其他因素不变为条件的。因此,计算结果只能说明是在某种假定条件下计算的结果。

第二节　财务指标分析

公司财务分析一般都是以会计核算资料为基础进行的。财务分析的重点是对财务报表的分析,通过对财务报表所提供的核算资料进行加工整理,可以得出一系列科学的、系统的财务指标,以便进行比较、分析和评价。总结和评价公司财务状况与经营成果的分析指标,包括反映偿债能力的指标、运营能力的指标、获利能力的指标和综合指标。

现将后面举例时需要用到的D公司的资产负债表(见表7-2)和利润表(见表7-3)列举如下。

表 7-2　资产负债表

编制单位:D 公司　　2013 年 12 月 31 日　　单位:万元

资产	期末余额	年初余额	负债及所有者权益	期末余额	年初余额
流动资产:			流动负债:		
货币资金	900	800	短期借款	2 300	2 000
交易性金融资产	500	1 000	应付账款	1 100	1 000
应收账款	1 300	1 200	预收账款	370	300
预付账款	70	40	其他应付款	100	180
存货	5 100	4 100	流动负债合计	3 870	3 480
其他流动资产	50	40	非流动负债:		
流动资产合计	7 920	7 180	长期借款	2 500	2 000
非流动资产:			非流动负债合计	2 500	2 000
持有至到期投资	400	400	负债合计	6 370	5 480
固定资产	15 000	13 000	所有者权益:		
无形资产	550	500	实收资本(股本)	13 000	13 000
非流动资产合计	15 950	13 900	盈余公积	1 600	1 600
			未分配利润	2 900	1 000
			所有者权益合计	17 500	15 600
资产总额	23 870	21 080	负债及所有者权益总额	23 870	21 080

表 7-3　利润表

编制单位:D 公司　　2013 年 12 月 31 日　　单位:万元

项目	本期金额	上期金额
一、营业收入	22 000	19 000
减:营业成本	12 200	10 850
营业税金及附加	1 300	1 080
销售费用	1 900	1 520
管理费用	1 000	850
财务费用	400	300
加:投资收益	400	200

续　表

项目	本期金额	上期金额
二、营业利润	5 600	4 600
加:营业外收入	350	200
减:营业外支出	750	600
三、利润总额	5 200	4 200
减:所得税费用	1 380	1 250
四、净利润	3 820	2 950

一、偿债能力指标

偿债能力是指公司偿还到期债务(包括本息)的能力。偿债能力指标包括短期偿债能力指标和长期偿债能力指标。

(一)短期偿债能力指标

短期偿债能力是指公司流动资产对流动负债及时足额偿还的保证程度,是衡量公司当前财务能力,特别是流动资产变现能力的重要标志。

公司短期偿债能力的衡量指标主要有流动比率、速动比率和现金流动负债比率三项。

1.流动比率

流动比率是流动资产与流动负债的比率。其计算公式为:

$$流动比率=\frac{流动资产}{流动负债}\times 100\%$$

流动比率表明了公司每一元流动负债有多少流动资产作为偿付保证,通常认为,流动比率的下限为100%,而流动比率等于200%时较为恰当。对流动比率的分析如下:

①流动比率反映了公司用可以在短期内转变为现金的流动资产偿还到期流动负债的能力。

②流动比率越大,说明公司对短期债务的偿付能力越强。

③流动比率不可以过高,过高表明公司流动资产占用较多或公司闲置现金持有量过多,这样会影响资金的使用效率和公司的筹资成本,进而影响获利能力。

④进行财务分析时不能只依赖该指标的计算结果。有时流动比率虽然较高，但并不一定偿还短期债务的能力强。如果流动资产中包含了大量的积压存货、大量的应收账款，且收账期长，而可用来偿债的现金和存款却严重短缺，则公司的偿债能力仍然是很弱的。因此公司在分析流动比率的基础上应进一步对现金流量加以考察。

⑤流动比率是否合理，不同的公司以及同一公司不同时期的评价标准是不同的，因此不能用统一的标准来评价各公司的流动比率的合理性。

【例 7-3】 根据表 7-2 资料，该公司 2013 年的流动比率如下（计算结果保留小数点后两位）。

$$\text{年初流动比率}=\frac{7\ 180}{3\ 480}\times100\%=206.32\%$$

$$\text{年末流动比率}=\frac{7\ 920}{3\ 870}\times100\%=204.65\%$$

该公司 2013 年年初和年末流动比率均超过一般公认的标准，且超过不多，因此该公司具有较强的短期偿债能力，且流动资产也没有过多闲置。

2. 速动比率

速动比率也称为酸性测试比率。速动比率是公司速动资产与流动负债的比值。所谓速动资产是指流动资产减去变现能力较差且不稳定的存货、预付账款、一年内到期的非流动资产和其他流动资产等之后的余额。通常速动比率等于 100% 时较为适当。其计算公式为：

$$\text{速动比率}=\frac{\text{速动资产}}{\text{流动负债}}\times100\%$$

其中，

速动资产＝货币资金＋交易性金融资产＋应收账款＋应收票据

＝流动资产－存货－预付账款－一年内到期的非流动资产

－其他流动资产

对速动比率的分析如下：

①由于从流动资产中剔除了存货等变现能力较弱且不稳定的资产，因此速动比率比流动比率能够更加准确、可靠地评价公司资产的流动性及其短期偿债能力；

②一般情况下，如果速动比率小于 100%，就会使公司面临很高的偿债风险，所

以速动比率越高，表明公司偿还流动负债的能力越强；

③值得注意的是，速动比率过高，尽管债务偿还的安全性很高，也会因公司现金及应收账款资金占用过多而大大增加公司的机会成本。

【例 7-4】 根据表 7-2 资料，该公司 2013 年的速动比率如下（计算结果保留小点后两位）：

$$年初速动比率=\frac{800+1\ 000+1\ 200}{3\ 480}\times100\%=86.21\%$$

$$年末速动比率=\frac{900+500+1\ 300}{3\ 870}\times100\%=69.77\%$$

该公司 2013 年度年初和年末速动比率均未超过一般公认的标准，原因在于该公司流动资产中，存货所占的比重过高（年初、年末存货占流动资产的比重分别为 57.10%，64.39%），导致公司速动比率偏低，因此即使公司的流动比率较高，但其实际的短期偿债能力并不理想，这需要采取措施降低不必要的存货，以提高速动比率。

在中外财务管理中，一般都通过流动资产与流动负债进行对比来计算流动比率，通过速动资产与流动负债进行对比来计算速动比率，并根据这两项比率来分析公司短期偿债能力以及流动负债的水平是否合理。虽然采用流动比率和速动比率这两个指标来分析公司的短期偿债能力，有一定的合理性，但这种分析思路存在两个问题：

①这是一种静态的分析方法，没有把公司经营中产生的现金流量考虑进去；

②这是一种被动的分析方法，当公司无力偿债时会被迫出售流动资产还债，而这种资产的出售会影响公司的正常经营。

为了解决流动比率和速动比率这两个静态指标在分析公司的短期偿债能力时存在的缺点，就要在应用这两个静态指标分析公司的短期偿债能力的基础上，采用动态的指标——现金流动负债比率对企业的短期偿债能力进行分析。

3. 现金流动负债比率

现金流动负债比率是公司一定时期的经营现金净流量与流动负债的比率，其中，年经营现金净流量指一定时期内，公司经营活动所产生的现金及现金等价物流入量与流出量的差额。其计算公式为：

$$现金流动负债比率=\frac{年经营现金净流量}{年末流动负债}\times100\%$$

其中,年经营现金净流量的数据应从公司的现金流量表中获得。

对现金流动负债比率的分析如下:

①现金流动负债比率可以从现金流量的角度,动态地反映公司当期偿付短期负债的能力。由于有利润的年份不一定有足够的现金(含现金等价物)来偿还债务,所以利用收付实现制为基础计量的现金流动负债比率指标,能充分体现公司经营活动所产生的现金净流量可以在多大程度上保证当期流动负债的偿还,直观、动态地反映出公司偿还流动负债的实际能力。

②现金流动负债比率指标越高表明公司经营活动产生的现金净流量越大,越能保障公司按期偿还到期债务。

③用该指标评价公司偿债能力更加谨慎。

④现金流动负债比率指标也不宜过大,过大表明公司流动资金利用不充分,资金获利能力不强。

【例 7-5】 根据表 7-2 资料,同时假设该公司 2012 年度和 2013 年度的经营现金净流量分别为 3 100 万元和 4 000 万元(年经营现金净流量的数据从公司的现金流量表中获得),则该公司 2012 年和 2013 年的现金流动负债比率分别为多少(计算结果保留小数点后两位)。

$$2012\text{ 年度的现金流动负债比率}=\frac{3\ 100}{3\ 480}\times100\%=89.08\%$$

$$2013\text{ 年度的现金流动负债比率}=\frac{4\ 000}{3\ 870}\times100\%=103.36\%$$

该公司 2013 年度的现金流动负债比率比 2012 年度有明显的提高,表明该公司的短期偿债能力增强了。

(二)长期偿债能力指标

长期偿债能力,是指公司偿还长期负债的能力。企业长期偿债能力的衡量指标主要有资产负债率、股东权益比率、产权比率、已获利息倍数等。

1. 资产负债率

资产负债率又称负债比率,是指公司负债总额对资产总额的比率。其计算公式为:

$$\text{资产负债率}=\frac{\text{负债总额}}{\text{资产总额}}\times100\%$$

对资产负债率的分析如下：

①资产负债率表明了公司资产总额中，债权人提供资金所占的比重，以及公司资产对债权人权益的保障程度；

②对资产负债率的分析要从不同角度入手。

从债权人来看。由于债权人最关心的是其贷给公司资金的安全性，即企业能否到期偿还本金和利息。所以对债权人来说该指标越低越好，这样公司偿债能力就越有保证。

从公司所有者来看。所有者最关心的主要是其投资收益率的高低，无论是公司借入的资金还是股东投入的资金，在生产经营中所发挥的作用是一样的。因此只要资产收益率高于利息率，股东就可以利用负债资金为自己带来更多的投资收益。所以资产收益率越高对股东越有利。它表明公司利用较少的自有资本投资形成了较多的生产经营用资产，不仅扩大了生产经营规模，而且还利用财务杠杆的作用，提高了股东的投资收益率；相反如果该指标过低，则表明公司管理者过于保守，对财务杠杆作用利用不够，不善于利用负债资金进行经营，不利于大幅度提高股东财富。

从公司经营者来看。公司经营者既要考虑公司的盈利，又要顾及公司所承担的财务风险，同时还要考虑股东对自己经营能力和进取精神的评价，因此对资产负债率的确定要充分考虑公司内部各种因素和公司外部的市场环境，在收益与风险之间进行权衡。

③保守的观点认为资产负债率不应高于 50%，而国际上通常认为资产负债率等于 60%时较为适当。

④对资产负债率的分析还要联系其他财务指标。

公司的长期偿债能力与获利能力密切相关，因此公司的经营决策者应当将偿债能力指标与获利能力指标结合起来进行分析考虑。

【例 7-6】 根据表 7-2 资料，该公司 2013 年的资产负债率如下（计算结果保留小数点后两位）：

$$\text{年初资产负债率}=\frac{5\ 480}{21\ 080}\times 100\%=26.00\%$$

$$\text{年末资产负债率}=\frac{6\ 370}{23\ 870}\times 100\%=26.67\%$$

该公司 2013 年年初和年末资产负债率均不高，因此该公司具有较强的长期偿债能力。

2. 股东权益比率

股东权益比率是股东权益与资产总额的比率。其计算公式为：

$$资产负债率=\frac{股东权益总额}{资产总额}\times 100\%$$

对股东权益比率的分析如下：

①股东权益比率反映了公司资产有多少是股东投入的。

②股东权益比率与资产负债比率之和等于1。股东权益比率与资产负债率分别从不同的侧面反映了公司的长期财务状况，股东权益比率越高，资产负债比率就越低，公司的财务风险也就越低，偿还长期债务的能力就越强；相反，股东权益比率越低，资产负债比率越高，公司的财务风险也越高，但此时公司能获得举债经营的好处。

③股东权益比率的倒数，称为权益乘数。它表明了资产总额是股东权益的多少倍。权益乘数越大，说明股东投入的资本在资产中所占比重越小，财务风险就越高。

3. 产权比率

产权比率是负债总额与股东权益总额的比率。其计算公式为：

$$产权比率=\frac{负债总额}{股东权益总额}\times 100\%$$

对产权比率的分析如下：

①产权比率反映了债权人所提供资金与股东所提供资金的对比关系。

②产权比率揭示了公司的财务风险以及股东权益对债务的保障程度。该比率越低，说明公司长期财务状况越好，债权人贷款的安全越有保障，但企业不能充分地发挥负债的财务杠杆效应。

③企业在评价产权比率适度与否时，应从提高获利能力与增强偿债能力两个方面综合进行，即在保障债务偿还安全的前提下，尽可能提高产权比率。

【例 7-7】　根据表 7-2 资料，该公司 2013 年的产权比率如下（计算结果保留小数点后两位）。

$$年初产权比率=\frac{5\ 480}{15\ 600}\times 100\%=35.13\%$$

$$年末产权比率=\frac{6\ 370}{17\ 500}\times100\%=36.4\%$$

该公司2013年年初和年末产权比率均不高，同资产负债比率的计算结果可以相互印证，表明该公司具有较强的长期偿债能力，对债权人的保障程度较高。

4. 已获利息倍数

已获利息倍数是指公司一定时期息税前利润与利息支出的比率。其计算公式为：

$$已获利息倍数=\frac{息税前利润总额}{利息支出}$$

其中，

$$息税前利润=利润总额+利息支出$$
$$=净利润+所得税+利息支出$$

对已获利息倍数的分析如下：

①已获利息倍数不仅反映了企业获利能力的大小，而且反映了获利能力对到期债务的保证程度。它既是企业举债经营的前提依据，也是衡量企业长期偿债能力大小的重要标志。

②已获利息倍数至少应当大于1，一般情况下，为3时较为适当。如果已获利息倍数小于1，企业将面临亏损以及偿债的安全性与稳定性下降的风险。

③值得注意的是，企业已获利息倍数究竟在多少时，才算偿付能力强，还要根据往年经验并结合行业特点来判断。

【例7-8】 根据表7-3资料，假定表中财务费用全部为利息支出，该公司2012年度和2013年度的已获利息倍数为多少？（计算结果保留小数点后两位）

2012年度的已获利息倍数：

$$已获利息倍数=\frac{4\ 200+300}{300}=15$$

2013年度的已获利息倍数：

$$已获利息倍数=\frac{5\ 200+400}{400}=14$$

以上计算结果表明，该公司2012年度和2013年度的已获利息倍数都较高，有较强的偿债能力。但还需要进一步结合该公司往年的情况和行业的特点进行判断。

(三)影响公司偿债能力的其他因素

对公司偿债能力的分析不仅要依靠上述的各种指标,同时还要对一些影响公司偿债能力的其他因素进行分析,才能得到比较全面、准确的结论。这些因素主要包括应收账款的变现能力、可动用的银行贷款指标、偿债能力的声誉、未做记录的或有负债和担保责任引起的负债等。

例如:公司在生产经营的过程中总要产生大量的应收账款,这些应收账款在计算各种比率的时候一般都已经包括在内,而且是将其作为流动比率和速动比率等指标来进行计算的,这样当应收账款的数额特别巨大并且其中隐含的坏账比较多时,将会对公司的偿债能力起到较大的负面作用。

又例如:可动用的银行贷款指标是指银行已经批准而公司尚未办理贷款手续的银行贷款限额。这种贷款指标可以随时使用,从而增加公司的现金,提高公司的偿债能力。

二、营运能力指标

公司的营运能力反映了公司资金周转状况,是公司在生产经营活动过程中管理能力的进一步体现。对此进行分析,可以了解公司的营业状况及经营管理水平。资金周转状况好,说明公司的经营管理水平高,资金利用效率高;反之则说明公司的经营管理存在问题,需要改进。评价公司营运能力常用的财务比率有:存货周转率、应收账款周转率、固定资产周转率和总资产周转率等。

1. 存货周转率

在流动资产中,存货所占的比重较大。存货的流动性将会直接影响公司的流动比率,因此必须特别重视对存货流动性的分析。存货周转率和存周转天数是用来反映存货流动性的指标。其计算公式为:

$$存货周转率=\frac{营业成本}{平均存货余额}$$

其中，

$$平均存货余额=\frac{存货余额年初数+存货余额年末数}{2}$$

$$存货周转天数=\frac{360}{存货周转率}$$

对存货周转率的分析如下:

①公司一定时期的存货周转率的快慢,可以反映出企业采购、储存、生产、销售各环节管理工作状况的好坏,找出存货管理存在的问题。存货周转率越高,表明公司的销售能力越强,存货变现的速度越快,资产占用水平越低;存货周转率越低,表明库存管理不力,销售状况不好,存货积压严重。

②存货是流动资产的重要组成部分,其质量和流动性对企业流动比率具有举足轻重的影响。因此存货周转率对企业的短期偿债能力及获利能力都产生着决定性的影响。

③存货周转率过高,也可能说明公司存货管理方面存在一定的问题,如存货水平太低,甚至经常缺货,或者采购次数过于频繁,批量太少等。

④计算存货周转率时应注意以下几个问题。

存货计价方法对存货周转率具有较大的影响,因此,在分析企业不同时期或不同企业的存货周转率时,应注意存货计价方法的口径是否一致。

计算存货周转率的分子、分母的数据应注意时间上的对应性。

【例 7-9】 根据表 7-2 和表 7-3 资料,同时假设该公司 2011 年年末的存货余额为 2 900 万元,该公司 2012 年度和 2013 年度的存货周转率和周转天数为多少?(计算结果保留小数点后两位)

2012 年度的存货周转率和周转天数:

$$存货周转率=\frac{10\ 850}{(3\ 900+4\ 100)\div 2}=2.71(次)$$

$$存货周转天数=\frac{360}{2.71}=132.84(天)$$

2013 年度的存货周转率和周转天数:

$$存货周转率=\frac{12\ 200}{(4\ 100+5\ 100)\div 2}=2.65(次)$$

$$存货周转天数=\frac{360}{2.65}=135.85(天)$$

以上计算结果表明:该公司 2013 年度的存货周转率比 2012 年度的存货周转率有所延缓,存货周转次数由 2.71 次降为 2.65 次,周转天数由 132.84 天提升为 135.85 天,同时从表 7-2 的资料中也可以得出 2013 年存货水平有较大的提高。这些都表现出该公司对存货的管理效率有所降低。

2. 应收账款周转率

在市场经济体制条件下，商业信用被广泛应用，应收账款成为重要的流动资产。能否及时收回应收账款，不仅可以增强公司的短期偿债能力，也反映出公司管理应收账款方面的效率。反映应收账款周转速度的指标是应收账款周转率和应收账款周转天数。应收账款周转率是公司一定时期内营业收入（或销售收入）与平均应收账款余额的比率。其计算公式如下：

$$应收账款周转率=\frac{营业收入}{平均应收账款余额}$$

$$其中，平均应收账款余额=\frac{应收账款余额年初数+应收账款余额年末数}{2}$$

$$应收账款周转天数=\frac{360}{应收账款周转率}$$

对应收账款周转率的分析如下。

①应收账款周转率反映了应收账款变现速度的快慢及管理效率的高低，应收账款周转率高表明：

收账迅速，账龄较短；

资产流动性强，短期偿债能力强；

可以减少收账费用和坏账损失。

②应收账款周转率过高，也说明企业采用了比较严格的信用标准和付款条件过于苛刻。这样会限制公司销售量的扩大，进而会影响公司的盈利水平。与此情况伴随的往往是存货周转率也偏低。应收账款周转率过低，则说明公司催收账款的效率太低，或者信用政策过于宽松，这样会提高应收账款的资金占用，提高应收账款的机会成本，降低公司资金的利用率。

③对应收账款周转率进行分析时还要考虑到影响该比率的其他一些相关因素，如：

季节性经营的公司使用这个指标时不能反映实际情况；

大量使用分期收款结算方式；

大量地使用现金结算的销售；

年末销售大量增加或年末销售大幅度下降。

④值得注意的是，在运用该指标分析公司的营运能力时，需要与该公司前期指

标、行业平均指标、其他类似公司的指标进行比较，以正确地判断该指标的高低。

【例 7-10】 根据表 7-2 和表 7-3 资料，同时假设该公司 2011 年年末的应收账款余额为 1 000 万元，该公司 2012 年度和 2013 年度的应收账款周转率和周转天数为多少？（计算结果保留小数点后两位）

2012 年度的应收账款周转率和周转天数：

$$应收账款周转率=\frac{19\ 000}{(1\ 000+1\ 200)\div 2}=17.27(次)$$

$$应收账款周转天数=\frac{360}{17.27}=20.85(天)$$

2013 年度的存货周转率和周转天数：

$$应收账款周转率=\frac{22\ 000}{(1\ 200+1\ 300)\div 2}=17.6(次)$$

$$应收账款周转天数=\frac{360}{17.6}=20.45(天)$$

以上计算结果表明，该公司 2013 年度的应收账款周转率比 2012 年度的应收账款周转率有所提高，周转天数有所减少。从表 7-2 的资料中也可以发现，2012 年与 2013 年的应收账款相比变动不大，表明该公司对应收账款的管理比较稳健。

3. 固定资产周转率

固定资产周转率也称为固定资产利用率，是公司一定时期营业收入与平均固定资产净值的比率。其计算公式如下：

$$固定资产周转率=\frac{营业收入}{平均固定资产净值}$$

其中，$平均固定资产净值=\frac{固定资产净值年初数+固定资产净值年末数}{2}$

$$固定资产净额=固定资产原价-累计折旧-已计提的减值准备$$

$$固定资产周转天数=\frac{360}{固定资产周转率}$$

对固定资产周转率的分析如下：

①固定资产周转率主要用于分析对厂房、设备等固定资产利用率；

②固定资产周转率越高，表明企业固定资产利用充分，同时也能说明固定资产投资得当，反之则表明固定资产利用效率不高，提供的生产不多，公司的运营能力

不强，进而影响公司的盈利能力。

【例 7-11】　根据表 7-2 和表 7-3 资料，同时假设该公司 2011 年年末的固定资产净值余额为 12 800 万元，该公司 2012 年度和 2013 年度的固定资产周转率和周转天数为多少？(计算结果保留小数点后两位)

2012 年度固定资产的周转率和周转天数：

$$固定资产周转率=\frac{19\ 000}{(12\ 800+13\ 000)\div 2}=1.47(次)$$

$$固定资产周转天数=\frac{360}{1.47}=244.90(天)$$

2013 年度固定资产的周转率和周转天数：

$$固定资产周转率=\frac{22\ 000}{(13\ 000+15\ 000)\div 2}=1.57(次)$$

$$固定资产周转天数=\frac{360}{1.57}=229.30(天)$$

以上计算结果表明，该公司 2013 年度的固定资产周转率比 2012 年度的固定资产周转率有所提高，原因在于固定资产净值增长的幅度(15 000−13 000＝2 000，增长率为 15.38%)低于营业收入增长的幅度(22 000−19 000＝3 000，增长率为 15.79%)。这表明该公司 2013 年度的营运能力较 2012 年度有所提高。

4. 总资产周转率

总资产周转率是公司一定时期营业收入与平均资产总额的比率。其计算公式如下：

$$总资产周转率=\frac{营业收入}{平均资产总额}$$

其中，

$$平均资产总额=\frac{资产总额年初数+资产总额年末数}{2}$$

$$总资产周转天数=\frac{360}{总资产周转率}$$

对总资产周转率的分析如下：

①总资产周转率可以用来分析公司全部资产的使用效率。

②总资产周转率越高，表明企业全部资产的使用效率越高；反之，如果该指标较低，则说明企业利用全部资产进行经营的效率较差，最终会影响企业的获利

能力。

三、盈利能力指标

盈利能力是指公司赚取利润的能力。它不仅关系到公司股东的利益，也是公司偿还债务的一个重要来源，所以该比率的分析一般都能引起不仅是股东而且是债权人等各类有关报表使用者的重视。

评价公司盈利能力的财务指标主要有：营业利润率、成本费用利润率、总资产报酬率、净资产收益率、营业毛利率、营业净利率、每股收益、每股股利、市盈率等。

1. 营业利润率和营业毛利率

营业利润率是公司一定时期营业利润与营业收入的比率。其计算公式如下：

$$营业利润率=\frac{营业利润}{营业收入}\times 100\%$$

营业利润率越高，表明企业市场竞争力越强，发展潜力越大，获利能力越强。

需要说明的是：从利润表来看，企业的利润包括营业利润、利润总额和净利润三种形式。而营业收入包括主营业务收入和其他业务收入，收入来源有商品销售收入、提供劳务收入和让渡资产使用权收入。因此，在实际工作中，也经常使用营业净利率、营业毛利率等指标来分析企业经营业务的获利水平。营业净利率、营业毛利率指标的计算公式如下：

$$营业净利率=\frac{净利率}{营业收入}\times 100\%$$

$$营业毛利率=\frac{营业收入-营业成本}{营业收入}\times 100\%$$

$$=\frac{营业毛利}{营业收入}\times 100\%$$

【例 7-12】　根据表 7-3 资料，该公司 2012 年度和 2013 年度的营业利润率、营业净利率、营业毛利率为多少？

2012 年度的营业利润率、营业净利率、营业毛利率：

$$营业利润率=\frac{4\ 600}{19\ 000}\times 100\%=24.21\%$$

$$营业净利率=\frac{2\ 950}{19\ 000}\times 100\%=15.53\%$$

$$营业毛利率=\frac{19\ 000-10\ 850}{19\ 000}\times 100\%=42.89\%$$

2013年度的营业利润率、营业净利率、营业毛利率：

$$营业利润率=\frac{5\ 600}{22\ 000}\times 100\%=25.45\%$$

$$营业净利率=\frac{3\ 820}{22\ 000}\times 100\%=17.36\%$$

$$营业毛利率=\frac{22\ 000-12\ 200}{22\ 000}\times 100\%=44.55\%$$

以上计算表明，该公司2012年度和2013年度的营业利润率都远远低于营业毛利率，原因在于这两年营业税金以及期间费用占营业收入的比重都比较高(2012年度和2013年度营业税金以及期间费用占营业收入的比重分别为19.74%、20.91%)，而投资收益又很低。但是也应该看到，该公司2013年度比2012年度毛利的增长大于营业税金以及期间费用的增长，且投资收益也有所提高，因此营业利润率、营业净利率、营业毛利率都有所提高，表明2013年度的盈利能力还是提高了。

2. 成本费用利润率

成本费用利润率是指公司一定时期利润与成本费用总额的比率。其计算公式如下：

成本费用利润率=利润总额/成本费用总额×100%

其中，成本费用总额=营业成本+营业税金及附加+销售费用+管理费用+财务费用

成本费用利润率越高，表明企业为取得利润而付出的代价越小，成本费用控制得越好，从而获利能力越强。

【例7-13】　根据表7-3资料，该公司2012年度和2013年度的成本费用利润率为多少？

成本费用利润率计算表如表7-4所示。

表 7-4 成本费用利润率计算表 单位:万元

项目＼年份	2012 年	2013 年
营业成本	10 850	12 200
营业税金及附加	1 080	1 300
销售费用	1 520	1 900
管理费用	850	1 000
财务费用	300	400
成本费用总额	14 600	16 800
利润总额	2 950	3 820
成本费用利润率	20.21%	22.74%

2012 年度成本费用利润率为：

$$成本费用利润率=\frac{2\ 950}{14\ 600}\times100\%=20.21\%$$

2013 年度成本费用利润率为：

$$成本费用利润率=\frac{3\ 820}{16\ 800}\times100\%=22.74\%$$

2013 年度成本费用利润率比 2012 年度成本费用利润率有所提高,原因在于 2013 年度收入的增长幅度(22 000−19 000=3 000)大于成本费用的增长幅度(16 800−14 600=2 200)。这再次表明企业的营运能力还是在提高的,但还要密切关注成本费用的增长问题。

3. 总资产报酬率

总资产报酬率是企业一定时期内获得的税前利润总额与平均资产总额的比率。它是反映企业资产综合利用效果的指标,也是衡量企业利用债权人和所有者权益总额所取得盈利的重要指标,因此是企业所有者和债权人都非常关心的指标。其计算公式为：

$$总资产报酬率=\frac{税前利润总额}{平均资产总额}\times100\%$$

其中，

$$\begin{aligned}息税前利润总额&=利润总额+利息支出\\&=净利润+所得税+利息支出\end{aligned}$$

对总资产报酬率的分析如下：

①总资产报酬率全面反映了企业全部资产的获利水平。一般情况下，该指标越高，表明企业的资产利用效益越好，整个企业获利能力越强，经营管理水平越高。

②将该指标与市场资本利率进行比较，如果前者较后者高，则说明企业可以充分利用财务杠杆的作用，适当举债经营，从而获得更多的收益。

【例 7-14】 根据表 7-2 和表 7-3 资料，同时假设表中财务费用全部为利息支出，而且该公司 2011 年度年末资产总额为 19 000 万元，该公司 2012 年度和 2013 年度的总资产报酬率为多少？（计算结果保留小数点后两位）总资产报酬率计算表如表 7-5 所示。

表 7-5　总资产报酬率计算表

年份 项目	2012 年	2013 年
利润总额	4 200	5 200
利息支出	300	400
息税前利润总额	4 500	5 600
资产年末余额	21 080	23 870
平均资产总额	20 040	22 475
总资产报酬率	22.46%	24.92%

2012 年度总资产报酬率为：

$$总资产报酬率=\frac{4\ 500}{20\ 040}\times 100\%=22.46\%$$

2013 年度总资产报酬率为：

$$总资产报酬率=\frac{5\ 600}{22\ 475}\times 100\%=24.92\%$$

上述计算结果表示该公司 2013 年度总资产的综合利用效率比 2012 年要好。

4. 净资产收益率

净资产收益率是企业一定时期净利润与平均净资产的比率。它是反映自有资金投资收益水平的指标，是企业获利能力指标的核心。该指标通用性强，适应范围广，不受行业局限，在国际上的企业综合评价中使用率非常高。其计算公式如下：

$$净资产收益率=\frac{净利润}{平均净资产}\times100\%$$

其中，$$平均净资产=\frac{所有者权益年初数+所有者权益年末数}{2}$$

对净资产收益率的分析如下：

①净资产收益率是评价企业自有资本及其积累获取报酬水平的最具综合性与代表性的指标，它反映了企业资本运营的综合效益；

②一般认为，净资产收益率越高，企业自有资本获取收益的能力越强，运营效益越好，对企业投资人和债权人权益的保证程度越高；

③通过对该指标的综合对比分析，可以看出公司获利能力在同行业中所处的地位，以及与同类企业的差异水平。

【例 7-15】 根据表 7-2 和表 7-3 资料，假定该公司 2011 年度年末净资产为 14 000 万元，该公司 2012 年度和 2013 年度的净资产报酬率为多少？（计算结果保留小数点后两位）

净资产收益率计算表如表 7-6 所示。

表 7-6　净资产收益率计算表　　单位：万元

项目＼年份	2012 年	2013 年
净利润	2 950	3 820
年末净资产额	15 600	17 500
平均净资产	14 800	16 550
净资产收益率	19.93%	23.08%

2012 年度净资产收益率为：

$$净资产收益率=\frac{2\ 950}{14\ 800}\times100\%=19.93\%$$

2013 年度净资产收益率为：

$$净资产收益率=\frac{3\ 820}{16\ 550}\times100\%=23.08\%$$

上述计算结果表示该公司 2013 年度净资产收益率比 2012 年要好，说明所有者的收益有所提高。

5. 每股收益

每股收益也称每股利润或每股盈余,每股收益的计算包括基本每股收益和稀释收益。这里只计算基本每股收益。

基本每股收益的计算公式如下:

$$基本每股收益=\frac{归属于普通股股东的当期净利润}{当期发行在外普通股的加权平均数}$$

每股收益反映了上市公司普通股股东持有每一股份所能享有的企业利润和承担的企业亏损,可以很直观地反映股份公司的盈利能力以及股东的报酬,因此是衡量上市公司获利能力时最常用的财务分析指标。每股收益越高,说明该上市公司的盈利能力越强。

6. 每股股利

每股股利是指上市公司本年发放的普通股股利总额与余年末普通股股数的比值。其计算公式为:

$$每股股利=\frac{普通股股利总额}{年末普通股股数}$$

【例 7-16】　根据表 7-2 和表 7-3 资料,假定该公司 2012 年度和 2013 年度分别发放普通股股利 12 万元和 14.4 万元,2012 年度和 2013 年度发行在外的普通股股数均为 12 000 股。该公司 2012 年度和 2013 年度每股股利为多少?(计算结果保留小数点后两位)

2012 年度每股股利为:

$$每股股利=\frac{120\ 000}{12\ 000}=10.00(元/股)$$

2013 年度每股股利为:

$$每股股利=\frac{144\ 000}{12\ 000}=12.00(元/股)$$

7. 市盈率

市盈率是上市公司普通股每股市价相当于每股收益的倍数。其计算公式如下:

$$市盈率=\frac{普通股每股市价}{普通股每股收益}$$

对市盈率的分析如下：

①市盈率反映了投资者对上市公司净利润愿意支付的价格，可以用来估计股票的投资报酬和风险，是投资者做出投资决策的重要参考因素之一。

②市盈率是反映上市公司获利能力的一个重要财务比率。一般来说，市盈率高，说明投资者对该公司的发展前景看好，愿意出较高的价格购买该公司股票，所以一些成长性较好的高科技公司股票的市盈率通常要高一些。

③值得注意的是，如果某一种股票的市盈率过高，则也意味着这种股票具有较高的投资风险。

【例 7-17】 根据表 7-2 和表 7-3 资料，假定该公司 2012 年度和 2013 年度发行在外的普通股股数均为 12 000 股。该公司 2012 年度和 2013 年度每股市价分别为 4 元、5 元。该公司 2012 年度和 2013 年度市盈率为多少？（计算结果保留小数点后两位）

市盈率计算表如表 7-7 所示。

表 7-7　市盈率计算表　　单位：万元

项目＼年份	2012 年	2013 年
净利润	2 950	3 820
普通股股数	12 000	12 000
每股收益	0. 25	0. 32
年末每股市价	4	6
年末市盈率	16	18. 75

2012 年末市盈率为：

$$市盈率=\frac{4}{0.25}=16$$

2013 年末市盈率为：

$$市盈率=\frac{6}{0.32}=18.75$$

该公司 2013 年末市盈率比 2012 年末有一定的提高，表明投资者对该公司的发展前景看好。

四、综合指标分析

综合指标的分析方法很多，其中应用最广泛的有杜邦分析法和沃尔比重评分法。这里主要介绍杜邦分析法。

杜邦分析法是由美国杜邦公司在20世纪20年代首创的利用各主要财务比率指标间的内在联系，对企业财务状况及经济效益进行综合评价的方法。杜邦分析体系以净资产收益率为核心比率，并将其分解为若干财务指标，通过分析各分解指标的变动对净资产收益率的影响来揭示企业获利能力及其变动的原因。

（一）杜邦分析体系的基本框架

杜邦分析体系是一个多层次的财务比率分解体系（见图7-1）。各项财务比率，在每个层次上与本企业历史或同期的财务比率比较，之后逐级向下分解，覆盖到企业经营活动的每一个环节，可以实现系统、全面地评价企业经营成果和财务状况的目的。在图7-1所示的杜邦分析体系框架图中，可以体现出以下几类关系。

1. 净资产收益率与资产净利率和权益乘数之间的关系

净资产收益与资产净利率和权益乘数之间的关系为：

净资产收益率=资产净利率×权益乘数

资产净利率可以反映管理者运用企业资产赚取盈利的高低，是最重要的盈利能力，而权益乘数是反映企业负债程度的一个重要指标。

2. 资产净利率与营业净利率和总资产周转率之间的关系

资产净利率=营业净利率×总资产周转率

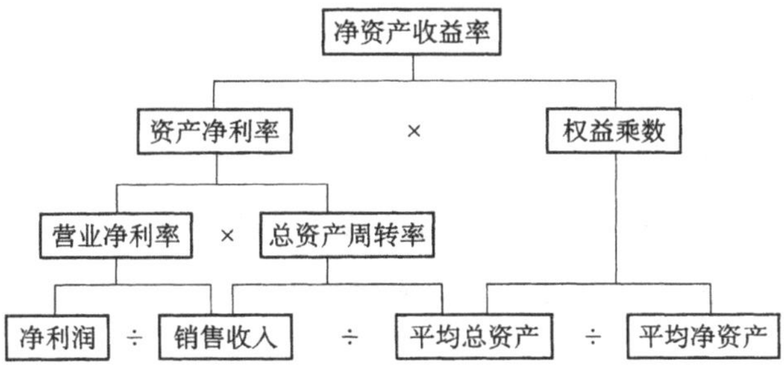

图7-1　杜邦分析体系框架图

营业净利率和总资产周转率可以反映企业的经营状况，一般情况下这两者呈反方向变化，其原因在于企业要提高营业净利率，就需要增加产品的附加值，从而增加投资，投资的增加使企业资产总额增加，进而使企业资产的周转速度下降；反之，要提高资产的周转速度，就需要采取减少资产占用资金，最便捷的途径就是“薄利多销”，从而导致营业净利率下降。

因此，企业采取“高盈利、低周转”还是“低盈利、高周转”的经营方针，要根据外部环境和自身资源做出选择。

3. 营业净利率与净利润和营业收入之间的关系

营业净利率与净利润和营业收入之间的关系为：

营业净利率=净利润÷营业收入

4. 总资产周转率与营业收入和平均总资产之间的关系

总资产周转率与营业收入和平均总资产之间的关系为：

总资产周转率=营业收入÷平均总资产

（二）杜邦分析体系的分析

从杜邦分析图中可以直观、明确地反映出公司的财务状况。

①从杜邦分析图中可以看出，净资产收益率是一个综合性很强、最具有代表性的财务比率。它是杜邦系统的核心，体现了企业财务管理的重要目标之一就是实现股东财富最大化。净资产收益率正是反映了股东投入资金的盈利能力。

②资产净利率是反映公司盈利能力的一个重要指标。公司的营业收入、成本费用、资产结构、资产周转率等各种因素，都直接影响到资产净利率。

③营业净利率的提高一方面要提高营业收入，另一方面要降低各种成本费用，只有加强对营业成本以及销售费用、管理费用和财务费用的管理，才可以使净利润的增长高于营业收入的增长。

④资产周转率的提高要通过提高固定资产周转率、流动资产周转率、存货周转率、应收账款的周转率来实现。同时资产各部分的占有量比例也将影响总资产的周转率，所以应尽量使资产的各个构成之间合理分配，以增强总体资产的营运能力。

总之，杜邦分析图表明：企业的盈利能力涉及生产经营的方方面面。净资产收益率与公司的资本结构、销售规模、成本水平、资产管理水平密切相关。只有协调好系统内部各个因素之间的关系，才能使净资产收益率得到提高，并最终实现股东财富最大化的财务管理目标。

【例 7-18】 某公司下一年度的净资产收益率目标为 15%,资产负债率拟调整为 50%,则其资产净利率应达到多少?

解:实现净资产收益率目标的资产净利率为:

$$资产净利率=净资产收益率\times(1-资产负债率)$$

$$=15\%\times(1-50\%)=7.5\%$$

可见,企业通过调整资本结构,即提高资产负债率和调整资产净利率,就可以实现净资产收益率 15%的目标。

参考文献

[1] 刘雅娟. 财务管理[M]. 北京:清华大学出版社,2008.

[2] 刘淑茹,赵明晓. 公司理财案例精选精析[M]. 北京:中国社会科学出版社,2008.

[3] 程旭阳. 成本会计与实务[M]. 北京:清华大学出版社,2009.

[4] 杨印山. 财务会计及实训[M]. 北京:北京理工大学出版社,2010.

[5] 苏佳萍. 财务管理实用教程[M]. 北京:北京交通大学出版社,2010.

[6] 财政部会计司编写组. 企业会计准则讲解 2010[M]. 北京:人民出版社,2010.

[7] 马元兴. 企业财务管理[M]. 北京:高等教育出版社,2011.

[8] 温亚丽. 高手教你看财报:财务报表的阅读与分析[M]. 北京:经济科学出版社,2012.

[9] 叶慧丹. 财务会计实务[M]. 北京:科学出版社,2012.

[10] 财政部会计资格评价中心. 中级会计资格财务管理[M]. 北京:中国财政经济出版社,2012.

[11] 中国注册会计师协会. 注册会计师统一考试教材[M]. 北京:中国财经经济出版社,2013.